এক পা কবিতা দু পা গল্প

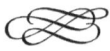

ও কলকাতা

O KOLKATA

প্রথম প্রকাশ ২০২২

প্রচ্ছদ – নীলাঞ্জন চক্রবর্তী

প্রকাশক এবং স্বত্ত্বাধিকারীর লিখিত অনুমতি ছাড়া এই বইয়ের কোন অংশ কোনও মাধ্যমের সাহায্যে কোনওরকম পুনরুৎপাদন বা প্রতিলিপি করা যাবে না। এই শর্ত না মানলে আইনি ব্যবস্থা নেওয়া হবে।

দ্বিতীয় সংস্করণ

Published By: Abhra Pal, Melbourne

Email: editor@okolkata.in
Facebook: https://www.facebook.com/OKolkataWebmag
Youtube: https://youtube.com/@okolkata

ISBN 978-93-5593-500-7

Created with Vellum

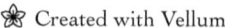

শিকড়ের থেকে দূরে থাকা সব বাঙালির ভাষাব্যথার ক্ষতচিহ্নকে

সম্পাদকের কথা

গল্পগুলো দু'পা হেঁটে হঠাৎ কবিতা হয়ে ওঠে। ওদের কাছে অনেক গল্পের স্তর ছিল। স্তরগুলোর কারুকাজ ঢেকে গিয়েছিল কুয়াশায়। সব কুয়াশার ওড়না সরিয়ে ওরা সেজে ওঠে। কারো মাথায় উষ্ণীষ, আবার কারো খোঁপায় ঝুলছে রক্তকরবীর গুচ্ছ। ওদের রূপ দেখে শুধু আমি কেন, সবাই মুগ্ধ হয়। গলায় পদ্মবীজের মালা দুলিয়ে, নেশা নেশা চন্দনের সৌরভ ছড়াতে ছড়াতে ওরা মেলায় যায় হাত ধরাধরি করে। উৎসব উৎসব মন নিয়ে মেলার প্রান্তরের পাশে নদীটি বইতে থাকে।

মেলায় নাগরদোলা ওঠে, নামে। ওরা কেউ ভয় পেয়ে চিৎকার করে ওঠে না। অসমসাহসী প্রত্যেকে। গল্প থেকে কবিতা হয়ে উঠবার যাত্রাপথ আসলে সত্যিই দু'পা তো আর নয়! অতিমারীর গদ্যময় জটিল সময়ে ওরা কয়েক পাক ঘুরে আসে গোটা পৃথিবী, পেরিয়ে আসে অজস্র জীবন।

যেসব কবিতাদের দেখা হয় পরস্পরের সঙ্গে, তাদের জীবনের গল্পগুলো একরকম না হলেও কোথাও গিয়ে মিলে যায় সেতারের ঝালার সুরের তুঙ্গবিন্দুর কাছাকাছি। শেষ পঙক্তিতে হাসি না অশ্রু? রূপকথার বিকেল নাকি অরণ্যের অন্ধকার? সব কিছু মিলেমিশে যায় দিগন্তরেখার ইন্দ্রধনুরঙের এক অলীক কোলাজে। মেলার প্রান্তর অনুঘটক হলেও নিমিত্তমাত্র এবং এভাবে মিলে যাওয়া যে বসন্ত ঋতুর

সম্পাদকের কথা

মত অমোঘ। কবিতাদের সেভাবে মুখোশ পরবারও প্রয়োজন নেই। তারা অজাতশত্রু। অনেক গদ্যজীবন পেরিয়ে তারা প্রতিরোধক্ষমতা অর্জন করেছে। প্রতিবাদী হয়ে রুখে দাঁড়িয়েছে সভ্যতার অনেক অসুখের বিপরীত মেরুতে।

কবিতার কাছে এখনও আছে অক্সিজেন ঠাসা আকাশ, যেখানে মানুষ শ্বাস নেয়। এখনও আছে দাঁড়াবার জমি, যেখানে কাঁটাতার নেই, নেই বিভাজনের কথা। কবিতাজীবনের দিগন্তরেখার কাছাকাছি এসে এই মিলন চাক্ষুষ করে মানুষ ধন্য হয়। নদীও। আমিও বা বাকি থাকি কেন?

নন্দিনী সেনগুপ্ত

সূচী

ঝড়ের কবিতা 1
অভ্র পাল

চিলেকোঠা 4
অরুণাচল দত্ত চৌধুরী

ছায়ামানবী 8
অরূপ আচার্য

সেই ডুমুর গাছটা 10
অসীম কুমার চট্টোপাধ্যায়

জন্ম উপত্যকা 13
ইন্দিরা মুখোপাধ্যায়

ছায়াবর্ত ও কিছু নীলাভ দৃশ্যমানতা 16
ইন্দ্রনীল বক্সী

বন্দিশ 19
ইন্দ্রাণী বন্দ্যোপাধ্যায়

হাসপাতালের লবি 21
ঈশিতা ভাদুড়ী

আমেরিকার অ্যালবাম 23
কণা বসু মিশ্র

ভাঙা আরশি 25
কস্তূরী চট্টোপাধ্যায়

ইচ্ছেডানা 27
চন্দ্রাণী বসু

জয়তী রায় 29
দ্রৌপদী 30
ঝর্ণা চট্টোপাধ্যায়

কিশোরী বেলার ডাক 33
তপশ্রী পাল

বাসা 35
তাপস মহাপাত্র

সুইসাইড নোট 37
তানিয়া বন্দ্যোপাধ্যায়

বাবা বানাতে হয় তৃষা বসাক	38
ইচ্ছে দীপঙ্কর দাশগুপ্ত	40
কলকাতা নন্দিনী সেনগুপ্ত	42
এক চা চামচ আলো নবনীতা সাঁতরা দে	44
নিমপাতা নাজমুল হালদার	46
হে আমার দেশ, হে আমার স্বাধীনতা প্রদীপ গুপ্ত	48
বাকি কথা বাকি পাপিয়া গাঙ্গুলি	51
রেললাইন ও একাকিত্ব পারভেজ হাসান	53
নষ্ট ছবি পূর্বা দাস	56
রেড লাইটে বহ্নিশিখা ঘটক	58
আমরা সবাই গান্ধারী বিতস্তা ঘোষাল	60
গন্ধ বুবুন চট্টোপাধ্যায়	62
অপরাধবোধের গল্প যশোধরা রায়চৌধুরী	64
যে কবিতা কেউ চায় না যাজ্ঞসেনী গুপ্ত কৃষ্ণা	66
সেই মেয়েটি, এই মেয়েটি রাণা পাল	68
সংশপ্তক রুখসানা কাজল	71
এমন দিনে তারে বলা যায় সমর্পিতা ঘটক	75
হোসেনির বই থেকে সর্বাণী বন্দ্যোপাধ্যায়	77

অবসরে প্রেমপত্র সোনালি	79
খেলনাবাটি সুজাতা রায়	82
ছায়া দীর্ঘতর সুস্মিতা সাহা	84
আমার নাইবা হলো পারে যাওয়া সুস্বপ্নী সোম	86
সীমান্ত শুভশ্রী সাহা	88
ক্যাকটাসের কাঁটা শুভদেব বল	90

ঝড়ের কবিতা

অভ্র পাল

১

আজকাল ঝড়ের শব্দ বড় বেশি শুনি
   নীরবতার মাঝেও
   আজকার ঝড়ের সব গালভরা নাম শুনি
   সে নামে উড়ে যায় চাল
   শহরে নামে ধস
   আজকাল সমুদ্রের বুক বড় অশান্ত

অসহায়, মেঠো পথগুলো সব ভাসে
   ভাসতে ভাসতে একসময় মুছে যায়
   ঘরফেরা মানুষের অপেক্ষা
   ইস্কুলের ঘন্টা, বাড়ির চাল

আজকাল অনেক আপত্তিকর পথে
   ঢুকে পড়ে বেনোজল
   খবর বলছে
   আরও কয়েকটি শহরের নাম

অভ্র পাল

মুছে যাবে একদিন মেঠো রাস্তার মত

প্রকান্ড বড় দাম্ভিক এক ফ্ল্যাটবাড়িতে
পশ্চিমা জানলায় দেখি ঝড়ের আস্ফালন
আজকে আমার পশ্চিম
কাল আমার সন্তানের পূবে
ধেয়ে আসছে

সমুদ্র সৈকতে দাঁড়িয়ে আছি মনে হয়
মনে হয় পা ভিজছে
গলে বেরিয়ে যাচ্ছে পায়ের নিচের বালি
আসলে প্রগাঢ় দম্ভের নিচে
একটু একটু করে সরে আসছে বালি

ঝড়ের ইতিহাস অনেক পুরনো
আমরা মাঝে মাঝে ভুলে যাই
প্রাণের ইতিহাসের চেয়ে
ঝড়ের ইতিহাস আরও প্রাচীন।

২

ঝড়ের কথা একটা চিঠিতে লেখা আছে
সে চিঠি খামে ভরা হয়েছিল
পথচলতি লেটারবক্সে থাকাকালীন
কোনও এক ঝড়ে সেই ঠিকানা গেছে মুছে

ঝড় এক প্রগাঢ় রহস্য প্রণয়ের মত
চোখে চোখে রেখে অশান্ত হতে শিখিয়েছে সে
দুরন্ত হয়ে ওঠা কোনও এক মুহূর্তে

ঝড়ের কবিতা

. . .

যে চিঠি কোনওদিন পৌঁছয়নি
    তার বয়ানেও কিন্তু একটুকরো মিথ্যে ছিল না
    ঝড় বেপরোয়া হতে শেখায়,
    মিথ্যে তো আমাদের আমদানি

আমরা শুধু অশান্তিরূপ দেখি
    অথচ সে বীজ লুকিয়ে আছে
    একদীঘি টলটলে জলে,
    প্রতিটি সম্পর্কের ওম
    একদিন ঝড় হতে পারে

আমরা শুধু ধ্বংসের চিঠি পাই
    কে বলতে পারে
    কত চিঠি হারিয়ে গেছে তার আগে?

চিলেকোঠা

অরুণাচল দত্ত চৌধুরী

১

রোমোটার দেখে গেছে, চিলেকোঠা ঘরটা প্রথমে
    ভাঙা হবে। তার পর ক্রমে
    হাত পড়বে অন্যান্য দেওয়ালে
    ভেসে যাবে স্মৃতি
    আনন্দের দিনগুলি... এসেছিল কত না অতিথি...

পলেস্তারা খসে গেছে, ঝরে গেছে সব প্রসাধন
    এখানে এখন
    উৎসব বেলা শেষে যে আঁধার আলোর অধিক
    জানালায় পাক খায়। সাক্ষী থাকে জং ধরা শিক।
    বিবর্ণ ভাঙা দরজায়
    প্রত্যেক প্রতিপদে রাঙা চাঁদ উঁকি দিয়ে যায়।

. . .

মৃত্যুর নির্ঘন্ট লিখে চলে গেছে খুনি প্রোমোটার
আজ তার শেষ রাত। স্বপ্নময় সে চিলেকোঠার।

২

সে ঘরে অজস্র টুকিটাকি
আজও লাটাইয়ের গায়ে লেপ্টে আছে ঘুড়িছেঁড়া কাঠি।
হারানো গুলতি আর মার্বেল, অস্যার্থে বুলেট
প্রথম যৌবনে কেনা আধখানা পোড়া সিগারেট
নিষিদ্ধ দু'টো বই... অসতর্ক অভ্যেস সমেত
সে ঘরে এখন শুধু
চলে যাওয়া সময়ের প্রেত

৩

উজিয়ে এসেছে ছেলে
দশহাজার কিলোমিটার... মাঝে প্রায় চল্লিশ বছর...
চিলেকোঠা চেনে তাকে।
-এই ছেলে নাম কী রে তোর?
থতমত খেয়ে যায় সে'দিনের নবীন কিশোর
চুলে যার রূপোলি পালিশ

চিলেকোঠা ঘর তুই আজও তাকে মনে রেখেছিস?
শব্দহীন নিঃশ্বাস বাতাস
ছেলেকে চিনিয়ে দেয়
ফুটপাথ থেকে কেনা ম্যাজিকের তাস

৪

ভাঙা দরজা খোলা আছে... থাক...
প্রতিমা কোথায় গেছে এ'পৃথিবী ভুলেছে বেবাক
প্রথাহীন দুঃসাহসে তার লেখা হলুদ কাগজ
একদিন অন্যতর আশ্রয়ের খোঁজ
করেছিল...

নিরাশ্রয় পিসতুতো বোন
তাকে কোনও কথা দেওয়া যায়নি তখন

ভীরু দিন কোনও দিন পেরোয়নি সীমা
এখন কোথায় সেই বিষাদ প্রতিমা?

৫

আরও কত জমা চিঠি, মাকড়সা জালে ঘেরা খামে
ছেঁড়া সুর... সাদা কালো রিড ভাঙা হারমোনিয়ামে
সমস্ত মুছে যাবে কর্কশ কালের নিয়মে
তারপরে ফের ক্রমে ক্রমে
ভাবী বহুতলে খাঁজে খাঁজে
জমবে নতুন স্মৃতি, স্বপ্নের বাতিল দেরাজে।

৬

চিলেকোঠা ঘর দেখে ফিরে যাচ্ছে রণক্লান্ত সেনা
সরাইখানায় তার কোনও চিহ্ন আর থাকবেনা

সফল মানুষ জানে শক্তমনে ভুলে যেতে হয়

চিলেকোঠা

যৌথ স্বপ্নজীবনের সমস্ত সঞ্চয়
সফলতা মানে... এই মুছে দেওয়া...
বুঝে নেওয়া ভাগ বাঁটোয়ারা

সে তত সফল নয়...
    তাই তার চোখে নেই সাফল্য ইশারা

ছায়ামানবী

অরূপ আচার্য

মিতা, তোমার বিবর্ণ মুখ মনে পড়ে
   প্ল্যাটফর্মের ব্যস্ত হাওয়ার ভিতর
   তোমায় দেখলাম উদাসীনতায় নাকি নিঃসঙ্গতায় দাঁড়িয়ে ছিলে
বিষন্ন গোধূলির নিচে।
   কোনো অনুপম স্মৃতির দিকে মুখ ফিরিয়ে
   তামাটে অন্ধকারে।
   আমার দৃষ্টির আলোয় যা একদিন রং-মাধুরী ছিল
   শৈশবে ডালিমের বনে
   ভালোবাসাময় কানামাছি খেলার সঙ্গিনী
   ঊর্বশী চাঁদের বাগানে বর-বউ খেলা
   মানুষের ক্যামেরার চোখ এতদূর দেখেনি।

একদিন মুখ ফস্কে বলেছিলাম ছুটন্ত ট্রেন ধরার মুহূর্তে
   -'আরে, মিতা না?'
   -'কেন? অচেনা হয়ে গেছি?' - বলে বিমর্ষ হয়েছিলে
   তোমার চোখের মণি পুড়ে যাচ্ছিল মান অভিমানে।

প্ল্যাটফর্ম এলেই মনে পড়ে তোমার বিবর্ণ মুখ

তোমার ছায়ামূর্তির সামনে এসে
আস্তে আস্তে বললাম
'কথাটুকুই মনে রাখলে, এ যুবকের অপার হৃদয়
মনে পড়ল না? সব কিছু তুচ্ছ হয়ে গেল?'
তুমি পাথরের মূর্তির মত অন্ধকারে ডুবে গেলে।

স্টেশনের এক চিলতে জায়গা জুড়ে
তোমার ভুবন এঁকে দাঁড়িয়ে আছো নির্জীব গাছের মত
নীল আলোয় তোমার বিবর্ণ মুখের ছায়া, বিষাদের বাঁশি বাজে
তোমার দাঁড়ানোর ভঙ্গি দুঃস্থ সন্ধ্যার মত, একাকিনী
মনে হয় অনন্তকাল দাঁড়িয়ে আছো নিঃসঙ্গ প্ল্যাটফর্মে
এখান দিয়ে যতবার যাই তোমায় দেখি
তোমার ছায়ামূর্তি অভিমানে মুখ ফিরিয়ে
অনন্তকাল দাঁড়িয়ে আছো ভুল অন্ধকারে
বিষণ্ন গোধূলি দুইপাশে চুলের বেণি হয়ে ঝুলে আছে ঠায়!
কোনো অনুপম স্মৃতি কি ডাকছিল?
ওভাবে দাঁড়িয়ে রইলে, একা অন্ধকার নারী।

তোমার উৎপল আলো কোথায় চুরি হল?
মনে কি পড়েনা কে যেন প্রত্যেক দুপুরে
কলিং বেল বাজাতো 'রমণী দুয়ার খোলো।'
কোন ঝড়ে তুমি নিজেকে ছিন্ন করে বিভ্রমে হারালে?
কোন মেঘ ঢেকে দেয় কাশফুল হাসি,
কালো জাম অন্ধকার ছড়ায়?
জানে না রমণী আলোর জোনাকি?
তোমার ছায়ায় পা দিয়ে আজও তাই চমকে উঠেছি।
-'অরূপ, কোথায় চলেছো?
আমি বহুকাল তোমার জন্য অপেক্ষা করছি।'

তাকিয়ে দেখি, তুমি নেই;
শুধু তোমার ছায়ামূর্তি অপলক দাঁড়িয়ে।

সেই ডুমুর গাছটা

অসীম কুমার চট্টোপাধ্যায়

সেই ডুমুর গাছটা এখনো আছে।
এত পরিবর্তনের মাঝেও একাকী মাথা তুলে দাঁড়িয়ে।
এত ঝড়ঝাপ্টা গেছে তবুও ভেঙে পড়েনি।
ভাগ্য ভালো গাছ বিক্রির হিড়িকে ও বাদ গেছে
ডুমুর গাছের মনে হয় বাজারে কোনো দাম নেই।
ঠিক নীলাঞ্জনার মত।
সংসারে ওকে উপড়ে ফেলা হয়নি
শুধুমাত্র দাসত্ব করার জন্য।
ডুমুর গাছ আর নীলাঞ্জনা দুজনেই
অর্থহীন ভাবে বেঁচে আছে।

গাছটার গোড়ায় একটা লাল শানবাঁধানো বেদি।
সেদিনও নীলাঞ্জনা বসে ছিল লাল বেদির ওপরে।
বৃষ্টির জলের সাথে মিশে গেছিল তার চোখের জল।
মায়ের কাছে যাবে বলে বেরিয়েছিল বাড়ি থেকে।
বাসটায় ছিল খুব ভিড়।
কোনোমতে কাঁধের ব্যাগটা গলিয়ে দিল জানলা দিয়ে।
বলল, ব্যাগটা একটু ধরুন না।
কাকে বলল জানে না। কে ধরলো তাও জানে না।

ছেড়ে দিল বাসটা তাকে না নিয়েই।
চেয়ে চেয়ে দেখলো বাসটা তার ব্যাগ নিয়ে চলে গেল।
উতলা হয়ে উঠলো মন
ব্যাগের ভেতর গতকাল পাওয়া টিউশনের টাকা,
মায়ের জন্য কেনা ওষুধ,
ইনস্টলমেন্টে কেনা তার সেলফোন,
ফোল্ডিং ছাতা আর কিছু একান্ত
মেয়েদের প্রয়োজনীয় জিনিস।
হাঁটুতে মুখ গুঁজে সে কাঁদছিল।

বৃষ্টিতে কাকস্নান করে সামনে এসে দাঁড়ালো এক যুবক,
ছেলেটির হাতে প্লাসটিকে ঢাকা কী একটা।
প্লাস্টিক সরিয়ে নীলাঞ্জনার সামনে
মেলে ধরলো তার ব্যাগ। বলল- এটা আপনার ব্যাগ তো?
নীলাঞ্জনা অবাক! এও সম্ভব?
ছেলেটি আরও বলল,
আপনি ব্যাগটা ধরতে বলেছিলেন
কিন্তু বাসে উঠতে পারেননি।
বাস যখন থামলো আমি নেমে পড়লাম।
ভাবলাম যদি দেখা পাই
আপনার ব্যাগটা ফেরত দিয়ে আসি।
একবার ভালো করে দেখে নিন সব ঠিক আছে কিনা?
ঝোলা ব্যাগ থেকে বের করেছিল একটা নতুন তোয়ালে
বলেছিল, আজকেই কিনেছি চৌরঙ্গীর ফুটপাথ থেকে।
আপনি একদম ভিজে গেছেন মাথাটা মুছে ফেলুন।
সেই তোয়ালেটা নীলাঞ্জনা ভাঁজ করে রেখে দিয়েছে
আলমারিতে। ভাঁজ করে রাখা শাড়ির নিচে।
আর কি কোনোদিন দেখা হবে তার সাথে
যে বৃষ্টিতে ভিজেছিল
কিন্তু যত্ন করে ঢেকে এনেছিল তার ব্যাগ।

. . .

অসীম কুমার চট্টোপাধ্যায়

জীবনে যে যায় সে আর ফেরে না।
   প্রেমহীন জীবনে নীলাঞ্জনা একদম একা।
   তাই একাকিত্ব ভুলতে চলে আসে ডুমুর গাছ তলায়

ডুমুর গাছ আর নীলাঞ্জনা
   একাকিত্বের এপিঠ আর ওপিঠ।

জন্ম উপত্যকা

ইন্দিরা মুখোপাধ্যায়

আমি জন্ম উপত্যকা জন্মেও দেখিনি কবি।
    কিন্তু তোমার ভাষায়
    সেই মৃত্যু উপত্যকা দেখে এলাম।
    কী ভয়ংকর সে রূপ! কী দুর্গম তার তুষারলীলা।
    অহোরাত্র ভেজা ভেজা সৃষ্টিরহস্যের সেই উপত্যকা।
    শীতলতায় এত শীত্কার হয় কবি? অজানা ছিল।
    সে যেন সত্যি রংয়ে-তুলিতে আঁকা ছবি।
    পুরুষ আর প্রকৃতি দুয়ে মিলে
    সে এক ভয়ানক সম্ভোগ দৃশ্য!
    পাহাড়ের গাম্ভীর্যে এত পৌরুষ?
    চোরা গ্লেসিয়ার সর্বস্ব দিয়েও নিঃস্ব।
    হার মেনে যায় তার পাহাড় পুরুষের কাছে।
    আকাশের নীল, তুঁতের মত উজ্জ্বল হয়ে ওঠে
    সেই সম্ভোগলীলা দেখে।
    তুষারের ঝর্ণাধারায় পাহাড় সেখানে সচল হয়ে
    কলকলিয়ে ওঠে।
    এ কেমন পুরুষ তুমি? পাহাড়কে শুধাই আমি।

সেই মৃত্যু উপত্যকায় কবি,

তুমি কি শুনেছিলে মরণসঙ্গীত?
হ্যাঁ, শুনেছে তো কত মানুষ, কত সেনা পরিবার।
যারা দু'হাত দিয়ে আগলে রাখে এই উপত্যকাকে।
আমার মত তুচ্ছ একজন কিন্তু শুনতে পেল
জীবনের গান, বাঁচার গান।
নদীর বহমানতা, পাহাড়ের রতিসুখ,
গ্লেসিয়ারের আত্মসমর্পণ
আমার চোখ সাক্ষী রয়ে গেল এসবের।
পাহাড়ে চুক্তি স্বাক্ষরিত হল আমার সাথে মেঘের।
মেঘের মিনার স্থানান্তরিত হল মৌসুমীর দেশে।
বৃষ্টিফোঁটারা উধাও তখন দিনকয়েকের জন্য।

সত্যিই এ সেই মৃত্যু উপত্যকা কবি!
আমি পা রাখলাম শীতল মরুপ্রান্তরে।
যক্ষের রামগিরি পর্বত খুঁজে পেলাম যেন।
বিরহিনীর কাছে মেঘ-মেল পৌঁছেছে তখনই।
আমার চোখের সামনে নীলচে আকাশের নিচে
হলুদ বালুকাবেলা।
কত আঁকাবাঁকা শৈল্পিক সাজগোজ সে বালির!
পাহাড় সেই মরুকন্যার রূপে পাগল যেন।
সারা শরীর দিয়ে আগলে রেখেছে তাকে।
সোনাগলা রোদ্দুর যেখানে চুঁইয়ে পড়ে
আইসিকলের গায়ে,
স্ট্যালাগটাইটের মত বরফ ঝুলতে থাকে
বরফের বিভাজিকায় ...

এ কি সেই মোহমায়া?
যার অমোঘ টানে আমি হই ঘরছাড়া?
তুমি তো বলেছিলে কবি,
এ মৃত্যু-উপত্যকা আমার দেশ নয়।

. . .

জন্ম উপত্যকা

আমি কিন্তু বারেবারে বলে এলাম,
   এই দেশ আমার দেশ,
   এই হল আমার জন্ম-উপত্যকা!

তেরঙ্গা পর্বতের চাদরের শরীরের
   প্রতিটি ভাঁজ, খাঁজ আমার চেনা এখন।
   তুষারসাদা স্রোতকে আমি বিলক্ষণ চিনি।
   ঠিক যেমন চিনি
   আমার মা, বাবাকে... আমার প্রেমিককে।
   আমিই তো সে,
   যে সৃষ্টিপাথরের রহস্য উন্মোচন করে প্রতিনিয়ত
   আর ক্রমশঃ চিনতে শিখল সেই জন্ম-উপত্যকা!

ছায়াবর্ত ও কিছু নীলাভ দৃশ্যমানতা

ইন্দ্রনীল বক্সী

দেউলিয়া ভাবে এরকম আমার পাঁজর বরাবর কিছু নিস্তেজ হিজল... বাবলা... কিংবা মোরগঝুঁটি দৃষ্টিগোচর হতেও পারে। আলবাত বলে কিছু কি হয় দুনিয়ায়... শুধু মহতেরা দিব্যদৃষ্টি মেলে পরিধিসমূহ ফোকাসিত। হেমজ্বর থেকে বিষ খুলে নিয়ে প্রচণ্ড ঝাঁপিয়ে ভারশূন্য।

মুগ্ধ মল্লারে শুরুর দিকে মোহিনীর সারকথা থেকে শুরু। এমনই ধূপ-ছাঁও পেরিয়ে চলমান দিনে হাউইসম প্রজ্বলন। আঃ... ঝর্নাগন্ধ নিয়ে ভিটে ঘিরে নেমে আসে তিতিরের মৃদু স্পন্দন। ছায়াঘন মেয়েদের দেশ পিয়ালি, মেঘ কিংবা অলোকপর্ণা, যে নামেই ডাকি উল্কা হাতে তারা অভিন্ন হয় সাময়িক ভঙ্গুরতা নিয়ে। আমি কি অবিচল আলোকরেখার দৃশ্যমানতায়!

কোন ক্ষয়ের প্রাবন্ধিক এখানে চুলা জ্বালায় নিত্য? প্রখর থেকে প্রখরতর সন্ধানী দৃষ্টি শুকিয়ে আনে সমস্ত শৈবাল– সজল আলো ঘিরেছে যদিও... মৃদু হয়ে আছে সূক্ষ্ম কীটের হৃদি অণুপ্রাণ রৌদ্রভূমি মাত্রই অনন্ত জেগে থাকা

তুমুল এসো রুচিরা ছায়াঘনকন্যা
অণু ও আলোকবর্তিকা।

দ্রুততায় বদলে যায় প্রচণ্ড পাললিক প্রান্তর
উষ্ণতা মেলে প্রগলভ রাতের ডোরাকাটা হিম
শরীর ভাঙছে দ্রুত... অনেক নিচের শহর
স্পষ্ট শুনতে পারি কোথাকার প্রশ্নভিতর
পাশ কেটে অমোঘ দাঁড়িয়ে সকালবেলার দুধগাড়ি
ভোরের ঝাঁটায় সকাল টোকা দিয়ে ওঠে
দোকানি ধোঁয়ায় সেই প্রবণতাদোষ।

ভাষাবাড়ি থেকে কিঞ্চিৎ দূরে
সমবেত হই। একা এবং একারা।
ফিউনারাল শব্দের ভিতর আবছা শোক
ও উদযাপন গান
অথচ ২৪টা ঘণ্টাও আছে বৃত্তাকারে।
আসুন শবাধার ঘিরে বসি। নিজেদের
মহুয়াকুড়ানো যৌবনের স্মৃতিগাথা গাই।
মৃত অনায়াস মৃত্যু ছেড়ে যাবে...

ছায়ারমণের দিনে কেমন হীন বন্যা আসে সঘন ভাষাবাড়ি জুড়ে। সমস্ত দেহজ রাত্রি থেমে আছে অযোনিক্লান্ত। নিছক ভাবনা মেঘ চলকে গুঁড়ো গুঁড়ো– কেমন ধুন ধরে আছে ফার্ণঝোপ। দৃশ্যের বাইরে থেকে ছুঁয়ে ফেলে যদি জলের রঙ বদলাই, তরঙ্গের মাঝে গোলাপি গোঁড়ামিগুলো দৃশ্যতই ভেসে ওঠে। চোখ ঠেসে ধরি নীরবে একোয়ারিয়মনীলে, আচ্ছন্ন জলছবি আঁকি।

দোহাই... ঘুম নামুক শহরস্নায়ু ভেঙ্গে অনেক জানালারা খুলে উঠুক নরম দৃশ্য গারদবন্দি করবে বলে।

• • •

ইন্দ্রনীল বক্সী

ঘটমান শব্দরা আইসক্রিমের গলনচালে
 মিশে যায় যত্নশীল ঠোঁটের অব্যর্থ মাদক
 সামান্য শয়তানি সামান্য লোভ নিছক
 জানকারি রাখে প্রশ্নসূচক সংক্রমণ

বন্দিশ

ইন্দ্রাণী বন্দ্যোপাধ্যায়

জোছনায় ভেসে যায় রাত চরাচর
নদী তীরে বসে এক শ্রান্ত কিশোর
আকাশ অবধিহীন রঙও অপার
বাঁশির স্মিত সুর বসন্ত বাহার
সহসা কস্তুরীগন্ধ বাতাস বিভোর
বিস্মিত কিশোর মেলে দুই চোখ
এক স্বচ্ছবসনা পরি
চোখেতে বিদ্যুৎলতা অঙ্গে আতর
চুমো এঁকে দেয় তার ঘর্মাক্ত কপোলে
কিশোর অস্ফুটে বলে- কে?
-ভালবাসা, কাজল তোমার। কথা নয়, স্পর্শ নয়
সুর ধরো মধুর বন্দিশ...
অধীর রাখাল বাঁশি ফেলে তুলে ধরে কোমল চিবুক
রাখে মুখ সুগন্ধি বৃন্তমূলে
পরি হাসে, হাসিতে মুক্তো ঝরে তার
টানা টানা চোখে দীঘি ছলছল করে
মুহূর্তে খসে পড়ে রঙিন ডানা
-শাপমুক্ত আমি- বলে বাতাসে মিলায়
পড়ে থাকে নীল লাল হলুদ পালক
গাঢ় স্বরে কিশোর ডাকে- কাজল কাজল

ইন্দ্রাণী বন্দ্যোপাধ্যায়

নদীতীরে সেই ধ্বনি প্রতিধ্বনি হয়
বালুচরে আঁকা থাকে পদচ্ছাপ তার
দূরে দূরে ধুনি জ্বলে কাব্য চন্ডাল
অমোঘ অক্ষর লেখে জল আয়নায়
অতল বিরহ যেন সান্দ্র হয়ে যায়
মীড়ে ও গমকে বেজে ওঠে বিদায় ভৈরবী
সুরে সুরে ডুবে যায় দিকচক্রবাল।

হাসপাতালের লবি

ঈশিতা ভাদুড়ী

সেই মেয়েটির মুখ দেখিনি আমি।

চিকিৎসকের শীতল ঘোষণায়
চমকে ওঠে আত্মীয় পরিবার,
লবিতে পাক খেয়ে যায় অন্ধকার।
কার্নিশে শালিকেরাও স্তব্ধ বিমূঢ়।

গাজিয়াবাদে বাড়ি সেই মেয়েটিকে
দেখিনি আমি।
তার কিশোর পুত্র, নরম চোখ,
মায়ের মৃত মুখ দেখে
একলাফে কয়েক ধাপ ডিঙিয়ে
ছাদের প্যারাপেটে উঠে যেতে চেয়েছিল,
অনেক হাত জাপটে ধরেছিল তাকে।

কপালে সিদুঁরের টিপ

ঈশিতা ভাদুড়ী

    সেই মেয়েটির মুখ দেখিনি আমি।

সেই মেয়েটি আসলে মৃত্যু ঘোষণার
    অনেক আগেই
    উড়ে গিয়েছিল আকাশে।

আমেরিকার অ্যালবাম

কণা বসু মিশ্র

ভালবাসি তোমায় কলকাতা,
ভুলিনি ভারতবর্ষ তোমাকে।
যতই বড় হোক পৃথিবী তোমার আমেরিকা
তবু কেন মনে পড়ে দেশের মাটি?
ভোরের কাক ডাকা সূর্য ওঠা আমার সকাল
রামধনু অনুভূতি আজো কেন নাড়া দেয় মনের গভীরে?
প্রযুক্তিবিদ্যার যুগে ব্যস্ততার কোনো শেষ নেই
তবু কেন ডেকে যায় বসন্তের কোকিল
ঝরা বকুলের গন্ধে বর্ষার আকাশ
ছোটবেলা থেকে বড় হওয়ার ইতিহাস।
হাঁটি হাঁটি পা পা সেই স্কুলে যাওয়া
পিং পং টেবিল টেনিস বৃষ্টিতে কাদামাখা ফুটবল
শীতের ক্রিকেট আর জিভে জল
নলেন গুড়ের চমৎকার পাটালি পায়েস।
রাক্ষস খোক্কস ঠাম্মা দিম্মার গপ্পো
মেঘের ভেলায় নীলাম্বরী শাড়ির আঁচল
রাজপুত্তুর উড়ে যায় পক্ষীরাজে।
নিত্যনতুন বায়না কখনো মায়ের কাছে
কখনো বাবার কাছে
ভুলে যাওয়া দিনগুলো

কণা বসু মিশ্র

কেন মনে পড়ে যায় ঘুম ভাঙ্গা রাতে?
কোথায় গেল হারিয়ে ঘুড়ির লাটাই
তিনটি রথের বায়না রথের মেলায়
খেলার বন্দুক আর ঢিশুম ঢিশুম
বন্ধুরা ছড়িয়ে গেল দেশবিদেশে।
সারি সারি বাড়িগুলো কাচের জানালা
ঝনঝন ভেঙে যায় ডিউস বলে
হারিয়ে যায় না কিছুই
মনের মনিকোঠায় সব জমা থাকে।

হঠাৎ কোন ছুটির দিনে
    ইউটিউবে চ্যানেল ঘুরিয়ে যদি মন ছুটে যায়
    সত্যজিতের ফেলুদা কিংবা ব্যোমকেশ শরদিন্দুতে
    তখনই মন কেমন করে ও আমার শৈশব কৈশোর
    ও আমার প্রিয় কলকাতা। ও আমার দেশের মাটি।

আমরা আজ আমেরিকান নাগরিক
    মেধা বুদ্ধি বিক্রি করে ছুটি ডলারের সুখে
তবু বেঁচে থাকে
কলকাতা সমুদ্র হৃদয় নিয়ে ভারতবর্ষ।

ভাঙা আরশি

কস্তূরী চট্টোপাধ্যায়

আলমারি খুলতেই ভেসে আসে কাচের চুড়ির শব্দ
সেগুন কাঠের গায়ে ভরা ফুলেশ্বরী জলস্রোত
দেরাজের রংচটা হাতলে লেগে অলস দুপুরবেলা
রোদ এলানো গল্পগাছা আর ভাতের গন্ধ মাখা
অর্ধেক ঋতুজীবনের শরীরে এখন শুধু এক নদী বান
পুরনো শাড়ির ভাঁজে যেমন মৃত শোকের বাস
অকথিত গোপন কথারা এখন পাশাপাশি শুয়ে
আলো অন্ধকারে গোরস্থানে যেমন স্মৃতিরা

মেহগনি রঙে মিশে কিছু অগোছালো বিবর্ণ চিঠি
বহু বছরের দাগের ওপর যেন এক পশলা বৃষ্টি
খোপকাটা সাদাকালো মেঝেতে খোলা পায়ের শব্দ
দৌড়ে যায় ঘর থেকে উঠোন, উঠোন থেকে সদর
আলমারির শরীর জুড়ে ভাসে আতস তাপের আঁচ
কিছু মলিন জীর্ণ শাল আর ছেঁড়া পশমের সোয়েটার
পাশে রাখা হলদেটে ডায়েরির পাতায় শুকনো গোলাপ
নিয়মতন্ত্রের স্বরের নিচে এখনো কুসুম যত্নে শোয়ানো

. . .

ঘরের পূব কোনায় ছোট টেবিলে সাদা লেসের ঢাকনা
কিছু বই আর আধখোলা কলমের গায়ে ধূসর পলি
রোজ সকাল বেলার প্রথম রোদ্দুর এসে পড়ে সেখানে
আলমারির অর্ধেক পাল্লায় কবেকার ভাঙ্গা আরশি
ধুলোমাখা আয়নার গায়ে লাল টিপ ভ্রূলেখা খোঁজে
গতকালের সম্পর্কের দাগ পড়ে থাকে ডাকনামের গায়ে
কিছু দায় তবুও থেকে যায় ঋতুমতী কালের ভিতর
বৃষ্টিপাতের দিন ঘুরে ফিরে আসে যখন বছর পঁচিশ পর

ইচ্ছেডানা

চন্দ্রাণী বসু

অ্যাসাইলামের একটি ঘর,
একটি বেড, একটি ছেলে
আর একটি ক্যালেন্ডার...
ক্যালেন্ডারের সব নয়গুলো
ছেঁড়া... হিজিবিজি কাটা।

ছেলেটির নাম রাকেশ, রোসিত,
কিংবা অমিত বা আমি, তুমি...
জীবনের প্রথম পরীক্ষায়
পেয়েছিল পঁচানব্বই শতাংশ নম্বর।
চাকুরে বাবা মায়ের বুক গিয়েছিল
সাত হাত ফুলে।
মিষ্টির ছড়াছড়ি, আর্শীবাদের বন্যা।
যা ছেলেটির মাথায় ঝরেছিল
উচ্চমাধ্যমিকে নব্বই শতাংশের ভার নিয়ে।

দুটো বছর ধরে স্কুলের অঙ্ক শিক্ষক
বাড়িতে বাংলার আন্টি, পাড়ার সকলে,

নব্বই শতাংশের লম্বা দড়িতে
আষ্টেপৃষ্টে বেঁধে দিল তাকে।

অবশেষে পরীক্ষা পেরিয়ে এল রেজাল্ট।
ইন্টারনেটে সে দেখল- প্রথম সংখ্যাটা
বদলে গেছে কেবল।
একটা সংখ্যা তাকেও দিল বদলে।
পাল্টে দিল বাবা, মা, চারপাশকে।
বাবা বলল: অফিসে মুখ দেখানো ভার।
মা বলল: পাড়ায় বেরোনো যাচ্ছে না।
গুরুজনেরা বললেন: ছেলেটি গেছিল বখে।
দাদারা বলল: কোন মেয়েতে ডুবলি?

সে কিছুই বলল না।
সে হাসল না, সে কাঁদল না।
চলে গেল অ্যাসাইলামে।
শুধু মুছে দিতে চাইল সব নয়-কে।
ঘরে ফেলে গেল তার লেখা কবিতার খাতা।
শখ করে যার নাম রেখেছিল
ইচ্ছেডানা।

জয়তী রায়

ফাগুন

তোমার গল্প সারা ধানমাঠ, জোৎস্নার নীলপাখি।
রাত্রির গান কুড়োতে কুড়োতে তোমাকেই ছুঁয়ে থাকি।
বৃষ্টিতে ভিজে উড়ন্ত চিল কার চিঠি নিয়ে যায়!
নিশ্চুপে তুমি বসে আছো আজও শূন্যের জানালায়।
আমার হাতের রেখায় খুঁজোনা রাত্রি, অন্ধকার।
সবটুকু জেনো তোমারই জন্য, ছুঁয়েছি বিষাদভার।
শীতের বিষাদ শেষ হল আজ, ফাগুনের ভোর হবে।
ছুঁয়ে দেখ হাত, এ শরীর জুড়ে পলাশগন্ধ পাবে।
তোমার গল্প সারা ধানমাঠ, জোছনার নীল পাখি
রাত্রির ধান কুড়োতে কুড়োতে তোমাকেই ছুঁয়ে থাকি।
চৈত্রের সারা দিনমান জুড়ে ভালোবাসবার কথা।
ছুঁয়ে দেখ ওই বিকেলের আলো, ভেঙে যাবে স্তব্ধতা।

দ্রৌপদী

ঝর্ণা চট্টোপাধ্যায়

ঠা ঠা রোদ্দুরে বসেছিল ছেলেটা
পুঁটলি ছিল মাথায়
মেয়েটার আশায় বসে বসে প্রহর গোণে-

ধনঞ্জয় মুর্মু, কাঠ কাটে চাষে খাটে
জনমজুরের জীবন কাটে
ছিল একটা পাতাকুড়ুনি আদিবাসী মেয়ে পানমণি,
ভাব হল দুজনে।

কিন্তু তারা একজাত
তাদের ঘরে চলে না ভাত
জ্ঞাতি-গুষ্টি সবাই গেল রেগে
মহুলপাহাড়ি, লখনৌমারা
সেখান থেকে রামপুরহাট সিধা যাবে ভেগে
সেটাই হল ঠিক।

পাথরখাদানে কাজ করবে দুজনে মিলে সুখে থাকবে

স্বপ্ন নামে চোখের পাতায়-
জল করে চিক্‌চিক্‌

ঘোর ভাঙ্গে গোলমালে
চীৎকার, লোকজন হাতে টাঙ্গি, বল্লম
বিবস্ত্রা দ্রৌপদী চলে রাস্তায়, দুধারে
হাজারো দুঃশাসনে রেখেছে ঘিরে

আছে সমাজের ভীষ্ম, বিদুর
সময়ে যারা মূক ও বধির
যে নীরবতা উৎসাহ দেয় অপমানে

বেদনায় নীল মুখ ভয়ার্ত, কাঠ মাথার উপরে দু-হাত

কাতারে কাতারে লোক লোলুপ রক্তচোখ
চেটে দ্যাখে আদিবাসী মেয়ে বিবস্ত্রা পানমণি
কঠিন মুখখানি
জনতার যুদ্ধক্ষেত্রে খুঁজে ফেরে প্রেমিক ধনঞ্জয়ে

এলোপাথাড়ি মার
বুঝি বা ধনঞ্জয় এবার
জনতার রোষে হয় মৃত
নগ্ন আদিবাসী মেয়ে পার হয় সমুখ দিয়ে
জনতা পান করে ঘৃণ্য-অমৃত

কয়েক বছর পর,
পানমণি উঠে আসে খবরের পাতায়
সেদিনের দ্রৌপদী আদিবাসী পানমণি

ঝর্ণা চট্টোপাধ্যায়

  পুরস্কার 'সাহসিনী'
  পায় সে, শংসাপত্র আর কিছু টাকায়
  চাপা পড়ে দুঃশাসনের পাপ
  চাপা পড়ে ভীষ্মদের মিথ্যা বিলাপ

একাকী দ্রৌপদী, বুকের ভিতরে ক্রোধ
  জ্বলে ওঠে আগুন চোখ
  ঘুরে ফেরে বনভূমি, মাঠ, ঘাট সব...
  যেখানে শায়িত ছিল ধনঞ্জয়ের শব!

(সত্য ঘটনা অবলম্বনে লেখা। রাঢ়বঙ্গের প্রত্যন্ত এক গ্রামে এক মেয়ের সঙ্গে ঘটে যাওয়া অন্যায় অবিচার চাপা দেওয়ার জন্য একটা শংসাপত্র হাতে ধরিয়ে দেওয়া হয়েছিল।)

কিশোরী বেলার ডাক

তপশ্রী পাল

আমার তখন সেই পাড়াতে বাস
মনে পড়ে? দস্যি পাড়ার ছেলে-
বিকেল হলে উনুন ধরতো কতো
ধোঁয়ায় চোখ জ্বলতো সাঁঝ হলে
তবুও আমি আঁধার নামার আগে
দাঁড়াতাম ঠিক শিকের জানালাতে
কখনো যদি সাইকেলে পা রেখে
হেলান দিয়ে দাঁড়াস ছিটবেড়াতে
যদি ফেলিস একটা উড়ো চিঠি
আমার সেই কিশোরী বেলার নামে
যদি থাকে তোর কোন প্রস্তাব-
নিষিদ্ধ সেই নীল নির্জন খামে!

মোদের ছিল আদ্যিকালের বাড়ি
প্লাস্টারের উঠে যাওয়া ছাল
সন্ধে হতো মায়ের শাঁখের ডাকে
ঘরে ছিল বিবর্ণ দেওয়াল
ঝুলতো তাতে কতো ক্যালেন্ডার
দেবদেবীর রঙিন রঙিন ছবি

কুলুঙ্গিতে মায়ের পুজোর আসন
সস্তা জিনিসে ভর্তি ছিল সবই
আর ছিল এক ভাঙা হারমোনি
সন্ধে হলে সাধতে হতো গলা
গান আমি জানি আর না জানি
নিত্যি ছিল এই এক জ্বালা
জানি আমি হাসতিস তুই মনে
সা রে গা মা শুনতিস যখন
তোর হাতে তো থাকতো তেলেভাজা
গন্ধতে ঠিক বুঝতাম তখন

তখন তো তুই খেলতিস ফুটবল
পাড়ার মাঠে বিকেল হলে পরে
মা তো আমায় বেরোতে দিতো না
আটকে রেখে দিতো আমায় ঘরে
বেশি করে মাথায় তেল দিয়ে
বেঁধে দিতো টাইট করে বেণি
সন্ধে হলেই লোডশেডিং হতো
ঘরে তখন জ্বলতো হ্যারিকেনই
খেলা শেষে ফিরবি তুই এ পথে
আমার তাই উড়ু উড়ু মন
দুচ্ছাই কিছু ভালো লাগতো না যে
জানালায় না দাঁড়াই যতক্ষণ!

এমনি কতো বছর গেল ঘুরে
এখন আমি দুই বাচ্চার মা
এখন আমার অন্য পাড়ায় বাস
ওসব দিন তো ফিরে পাবো না–
তবু আজো মনের কোণে তুই
থমকে থাকা কিশোরী বেলা ডাকে
কোথায় তুই পাড়ার দস্যি ছেলে
আছিস কি ঐ সন্ধ্যা পাখির ঝাঁকে?

বাসা

তাপস মহাপাত্র

চটপট আমি একটা গাছ হয়ে যাই
 চটপট তুমি একটা পাখি হয়ে যাও
 আমি ডাল বাড়িয়ে দিই, তুমি বাসা বাঁধো....

ব্যস, আর কি চাই
 একটা বিশ্ব আপনিই তৈরি হয়ে যায়।
 রোদ চাইলে রোদ পাবে,
 দরজা বন্ধ করে আলো জ্বালাতে হয় না।
 হাওয়া চাইলে হাওয়া পাবে,
 ফ্যান কিংবা এসির প্রয়োজন পড়ে না।
 ছায়া পাবে, অন্ধকার ও জোৎস্না পাবে
 বৃষ্টিতে ভিজে রোদে ডানা শুকোতে পারবে
 ফুলের গন্ধ পাবে, ফল পাবে...

আর কি চাই,
 নিজের বাসা গড়ার মতো আর কোনো আনন্দ নেই।
 ভেবে দেখো, উড়ে বেড়ানোর সেই আকাশের কথা
 হাওয়ার ছোবল খেতে খেতে কেমন নীল হয়ে যাওয়া।

ভেবে দেখো, সৌধের সেই সব ঘুলঘুলি-
চকমিলানো দালানের উপর মরচে পড়া রেলিং,
ডানা ঝাপটাতে ঝাপটাতে পুরোনো হয়ে আসা খাঁচা...
এত নিঃশ্বাসের ভিতর শ্বাস কোথায়?
কঠিন শ্যাওলায় পিছলে যেতে যেতে
এ জীবন নিজেকে বাঁধতে চায়!

সুইসাইড নোট

তানিয়া বন্দ্যোপাধ্যায়

লক্ষ কোটি স্বপ্ন দেখেছিল সে,
কোকিলের মতো গান গাইতে চেয়েছিল,
কয়েক লক্ষ কবিতা লেখার ইচ্ছে ছিল তার,
পারলো না।
মাত্র কয়েকটা ওষুধেই ওভারডোজ হয়ে গেলো,
ডাক্তার বলে গেল,
ভেতর থেকেই বড় দুর্বল ছিল সে
আত্মহত্যা প্রমাণিত। তবুও, চলে গিয়েও সে ভাবে
ময়নাতদন্ত রিপোর্টে যদি লেখা থাকে,
ভালোবাসার অভাবে।

বাবা বানাতে হয়

তৃষ্ণা বসাক

মেয়েটা স্কুলে যায়,
একা,
গলি ছাড়িয়ে বড় রাস্তায় পড়তেই
অনেক সঙ্গী জোটে,
স্কুল ছুটি হলে
সে ঊর্দ্ধশ্বাসে বাড়ি ফেরে,
দিনের চওড়া আলোয়
মায়ের মুখখানা একবার দেখবে,
অন্ধকারকে বড় ভয় তার,
মায়ের চোখের কালির মতো অন্ধকার
এখুনি তাকে ঠেলে পাঠিয়ে দেবে
চিলেকোঠার হাঁ গর্তে,
সেখানে ইয়াসমিন, চড়াই, বড়াই, টোকনের মতো
সেও সূর্যের প্রার্থনা করবে...
সে মনে মনে সূর্যকে
একটা ডাকনাম দিয়েছে- 'বাবা'!
সেদিন যখন কেতো আর তিনটে ছেলে
তোলার টাকা নিতে এসে
তার ওড়না ধরে টানছিল,

বাবা বানাতে হয়

সে বুঝতে পারল
তার মতো, কেতোকেও
রোজ
বাবা বানাতে হয়!

ইচ্ছে

দীপঙ্কর দাশগুপ্ত

তোমার কি ঘুম পাচ্ছে? এটা ছিল ইচ্ছের বেপরোয়া প্রশ্ন।

সমুদ্রের পাড়ে বসে ঘুম পাওয়ার প্রশ্নই ওঠেনা,
হঠাৎ তুমি, এ সময়ে?

আমার কোনো সময় অসময় নেই,
আমি যাকে পেতে চাই, পেয়ে বসি যখন তখন।

স্রোতের উপর ফসফরাসের চাদর,
ইচ্ছের নীল শাড়ির আঁচল উড়ছে,
মুখময় বিপুল প্রত্যাশা।
হতাশ করতে পারব না, তাকে ধারণ করতেই হবে।
এবার পেয়ে বসল আমাকে।
আমার ইচ্ছে গেল গজল গাওয়ার,
গুনগুন করে নকল করছি মেহেদী হাসানকে,
সুর লাগছে না বুঝতে পারছি, না লাগুক।

. . .

ইচ্ছে

অশান্ত ঢেউয়ের বিপরীতে
　সাঁতার কাটার অভিলাষ আস্তে আস্তে প্রবল হচ্ছে।

মুখ দেখেই বুঝতে পারছি মজেছ, তাইনা?
　বুঝলাম আজ আর ছাড় নেই।
　শেষ পর্যন্ত সুরটা লাগলো না দেখে
　সে আমার মনন বদলে দিলো,

ভেজা তটে লিখে ফেলব কিছু?
　লিখলাম বৃষ্টি, বৃষ্টি এলও, ভিজলাম দুজনে।
　বর্ষণের শেষে দেখি সে লেখাও মুছে গেছে,
　লিখলাম পদ্মনাভ ভোর।

কিছুক্ষণ মধ্যে আলোকিত হলো দিগন্ত,
　জেগে উঠল প্রভাতী গুঞ্জন:

সে বলল আমায় পূর্ণ করলে, আর কোনোদিন তোমাকে বিদ্বেষের হাতে তুলে দেবনা। আসি?

ঘোর ভাঙল, জোয়ার এসেছে, ইচ্ছেও অন্তর্হিত,
　এইবার বাড়ি ফিরব।

কলকাতা

নন্দিনী সেনগুপ্ত

শহর জুড়ে বৃষ্টি নামে
হারিয়ে গেছে বাঁশি
ভেঙেছে কবে সেতুটি হায়,
কীভাবে ফিরে আসি!

ইচ্ছে ছিল ফিরবো এক
উৎসবের দিনে
বন্ধ ডানা বাকি উড়ান
স্পর্শহীন ঋণে।

এই শহর ধমনী শিরা
হৃদয়ে ছিলে জেগে
শরতমেঘ ফেরেনি আজো
অরণ্যের থেকে।

শূন্যশাখা দুঃখগাছ
জানালা করে ভেদ
বেদনাহত শহরে ঝরে
বৃথা শোণিত-স্বেদ

বৃষ্টি ঝরে ভুল ঋতুতে
অসুখী আঙ্গুলে।
কুরিয়ারের গোপন খাম
শহর দেখে খুলে।

যায় গো উড়ে ছেঁড়া টিকিট
ভ্রষ্টতিথিমাসে
বৃষ্টি নামে শহর জুড়ে
ইচ্ছে জলে ভাসে।

এক চা চামচ আলো

নবনীতা সাঁতরা দে

আমার জানালা থেকে একটু তির্যক তাকালেই
ঘুমিয়ে থাকে একটা সবুজ ঝোপ।
বৃদ্ধ প্রপিতামহ নারকোল গাছ।
ওদের স্যাঁতসেঁতে জীবনের পাশে
আমি চাদর টেনে বসি।
ঝোপ শেষে একটা বিবর্ণ বাড়ি, রোদ এসে পড়ে না।
শ্যাওলা ধরা দেওয়ালে
বর্ষার জল লেগে থাকে চুপচুপে।
সন্ধেবেলা ওদের জানালার পাশে পাতা খাটে
দুই ভাইবোন বসে সাদা পাতা উল্টিয়ে যায়।
দূর থেকে সাদা দেখালেও, আমি জানি
ওতে ছাপা আছে বড়ো হবার নামতা,
যোগ বিয়োগ গুণ ভাগ ও পরিবেশ পরিচয়।
ওরা দুলে দুলে পেন্সিল চিবোয়।
আমি তখন অমসৃণ স্মৃতিপথে দেখতে পাই
হ্যারিকেন আলোয় দুই বোন।
ওরা পড়তে বসে গল্প জুড়তো।
হ্যারিকেনের আলোকে ওরা,
ছোট এক চা চামচ আলো বলতো।
ওই আলোয় ওরা অন্যমনস্ক হতো সবচেয়ে বেশি।

মা হাতা খুন্তি নেড়ে রান্না সারতেন অল্প আলোয়।
আর বাবা দুচোখে শুষে নিতেন সমস্ত অন্ধকার।

বিবর্ণ দেওয়ালের ওপারে দুই ভাইবোন
বারে বারে পাতা ওল্টায় আর জল খেতে ওঠে।
বিছানার চাদর কুঁচকে যায়,
মা রান্না সেরে বইয়ের পাশে এসে দাঁড়ান।

আর এপারে সন্ধে বয়ে আনে,
অন্য এক হাতা খুন্তির নিয়ম।
এক বোন উঠে রান্নায় ফোড়ন দেয়
আর অন্য বোন কোনো এক সন্ধ্যায়
ছুটি লিখে নিয়ে চলে গেছে চিরতরে।

নিমপাতা

নাজমুল হালদার

আমি কি তবে
     এই সাড়ে-চব্বিশ মিনিটের বানভাসি জীবন থেকে
     খসে পড়ব রাস্তায়?

মৌরলা-মাছের মতো ফুটকি কাটছি,
     পৃথিবীর অন্ধকারতম বারান্দা থেকে!
     গাছেদের সরু হাত ধরে
     টানাটানি করছে মতলবি হাওয়া!
     পায়ে পায়ে পিছিয়ে যাচ্ছে পথ
     ঘরে ফিরেও কতজন পড়ে থাকে ঘরের বাইরে!

এই ফাঁকে কে যেন তর্জনী উঁচিয়ে বলল:
     ঐদিকে ওই শ্যাওলাজন্ম
     বিছানায়, জেগে আছেন এক শোকপালক—
     মৃত্যু যাকে ছোঁ মারে রোজ!

ছাড়ো ওসব বিপজ্জনক বালিকথা!

নিমপাতা

যেটা বলছিলাম আর কি

ওগো মানুষ সব,
    তোমরা আমার বিভাগীয় নিমপাতা যাপন
    মনে রাখবে তো?

জেনো, অগুন্তি অপরাধ ছিল না আমার—
    বাঁদিকে মাটি সামান্য কম দিয়েছিল ভগবান!
    কপাল পেয়েছিলাম মাছের কাঁটার মতো মাংসহীন!

হে আমার দেশ, হে আমার স্বাধীনতা

প্রদীপ গুপ্ত

প্রথমবার দেশ চিনেছিলাম বাবার হাত ধরে।
পথের পাঁচালির রেল লাইন দেখাবে বলে
বাবা আমায় হাত ধরে নিয়ে গিয়েছিলেন
আদিগন্ত খোলা মাঠ পেরিয়ে,
পদ্মফুলের দীঘল দীঘি ছাড়িয়ে,
শরতের হাওয়ায় দোলা
সাদা ঝাঁকড়া কাশ ফুলের মাঠের বুকে হুসহুস করে
ধোঁয়া ওড়ানো রেললাইনের ধারে।

আমি বলেছিলাম- কী সুন্দর আমাদের দেশ,
তাই না বাবা!
বাবা মাথা দুলিয়েছিলেন শুধু।
বলেছিলেন– অপু, দুর্গাকে দেখবি না খোকা?
আমি বলেছিলাম-- কোথায় পাবো ওদের!
আর ইন্দির ঠাকরুণ, সর্বজয়া, হরিহর!
সব্বাইকে দেখাবে আমায়?
বাবা আমার হাত ধরে নিয়ে গিয়েছিলেন রেলস্টেশনে।
প্লাটফর্মের পাশের ঝুপড়িতে মাথা নিচু করে ঢুকে আমার দিকে চাইলেন।

পিলপিল করে মানুষ এসে ঘিরে ধরলেন আমাদের।
বসার জন্য টুল পেতে দিলেন, গ্লাসে করে জল আর
এলুমিনিয়ামের প্লেটে একমুঠো চিনি।
অনেকক্ষণ ধরে গল্পগাছা করে
ফেরার পথে আমায় বললেন-
-চিনেছিস খোকা?
-কাদের?
-অপু, দুর্গা, ইন্দির ঠাকরুণ, সর্বজয়া আর...
কিছুক্ষণ চুপ করে থেকে ফের বললেন
-এনারাই আমাদের দেশ খোকা।
ভুগোলের মানচিত্র না,
মানুষজন মিলেই তৈরি হয় দেশ।

তখন ক্লাস সেভেনে পড়ি।
পনেরোই অগাস্ট।
পতাকা উঠবে স্কুলে। সবাই হাজির।
হেডমাস্টারমশাই নাম ধরে ডেকে নিলেন
সুদাম হরিজনকে।
আমারই সহপাঠী। ক্লাস সেভেন।
পতাকার রশি তুলে দিলেন ওর হাতে।
ঘোষণা করলেন, আমাদের স্কুলের প্রথম হরিজন ছাত্র এই সুদাম।
সবাই মিলে গান ধরেছে-
বন্দেমাতরম সুজলাং সুফলাং
আর সুদামের হাতের রশিতে
ওপরে উঠে যাচ্ছে আমাদের তেরঙ্গা।
আমি চিনেছিলাম আমার দেশকে দ্বিতীয়বার।

এরপর বহুবার বহুভাবে দেশকে দেখেছি।
প্রাসাদোপম অট্টালিকার পোর্টিকোতে মর্মর নারীর
গাগরি থেকে উছলে পড়া জলে ভেসে যেতে দেখেছি
বিলাসিতার বাহুল্য,

গজদন্ত মিনারের চূড়া থেকে ঠিকরে পড়া আলোয় গড়াগড়ি খেতে
দেখেছি বিদেশি মদ,
মাংস আর নারীশরীর।
কর্পোরেশনের হাতগাড়িতে
ফেলে দিতে দেখেছি মহার্ঘ্য খাবার।
টিমটিমে আলোয় লাইটপোস্টে
দাঁড়িয়ে থাকতে দেখেছি দেশকে,
কুকুর আর মানুষে কাড়াকাড়ি
করে খেতে দেখেছি উচ্ছিষ্ট,
পেটের বাচ্চাকে
বিক্রি করে দিতে দেখেছি অসহায় মা'কে।

সব মিলিয়েই তো আমাদের স্বাধীনতা!
সব মিলিয়েই তো আমার গৌরব!
বিবিধের মাঝে মিলনের বাণী
ভেসে বেড়ায় ভূগোল ছাড়িয়ে
বিশ্ববানিজ্যের হাটে।
বিক্রি হয়ে যায় স্বপ্ন, কৈশোর, যৌবন,
নিলামে ওঠে স্বাস্থ্য, শিক্ষা, মূল্যবোধ।

তবু আমি আমার পাঁজর ভরে
শ্বাস নিই আমার দেশের।
আমার মননে কে যেন
সেই শিশুকালে লিখে গিয়েছিলেন
'স্বাধীনতাহীনতায় কে বাঁচিতে চায় হে-
কে বাঁচিতে চায়
দাসত্ব শৃঙ্খল বলো কে পরিবে পায় হে –
কে পরিবে পায়?'

বাকি কথা বাকি

পাপিয়া গাঙ্গুলি

ওর দূরবীন ছিল একটা
সেই ছোটবেলায়
পাঁচ বছরের জন্মদিনে পাওয়া।
রাহুল কাকু দিয়েছিল।
হাতে দিয়ে আদর করে বলেছিল
এটা দিয়ে অনেক দূর দেখা যায় মুন্নি।
পুতুলের মতো মুন্নি ভেবে নিয়েছিল
সামনের পথটা সে দেখতে পাবে সহজে।
আকাশের তারা, জোনাকি, বৃষ্টির ফোঁটা
সব দেখতো দূরবীন লাগিয়ে।
যখন সে ষোড়শী, তখন থেকে
দূরবীক্ষণে অনেক মুখ দেখলো
ঝলমলে, প্রেমময়, শয়তানের,
সাদা চোখে সব ভ্যানিশ!
বোঝেনি ছোটোবেলার দূরবীন
বন্ধুর টিফিনবক্স দেখায় শুধু,
ভবিষ্যৎ দেখায় না।
মুন্নি তবুও পথ চলল
দূরবীনটা হাতে নিয়ে...
কিছু আবছা ভালোলাগা

পাপিয়া গাঙ্গুলি

না পাওয়া ভালবাসা
আর সহজে পাওয়া দুঃখ,
তার সুখী মুখোশের আড়ালে
যত্নে রাখলো।
তারপর একদিন অনেক কথা,
অনেক খেলা বাকি রেখে
ওপারে যাওয়ার রাস্তাটা
কাছে টেনে নিলো দূরবীন দিয়ে।
কমজোরি লেন্সে দেখতে পেলো না
আমাদের হাসির আড়ালে কান্না,
বাকি কথা ভাগ করে নেওয়ার জন্য
মাদুর পেতে বসে থাকা।

রেললাইন ও একাকিত্ব

পারভেজ হাসান

টেশনটির নাম বেলডাঙ্গা,
তার পাশ দিয়েই চলে গিয়েছি আমি,
যদিও বললাম চলে গিয়েছি,
তবু সত্যি বলতে আমি ওখানেই থাকি।
আমার বুকের উপর দিয়ে ট্রেন চলে,
তাতে ওঠে কত যাত্রী, নামে কত জন!
কেন আমিই পারি না কোথাও যেতে?
ভাবি সারাক্ষণ।

রোজই চিন্তা করি, যাত্রীরা এতো কোথায় যায়,
কোত্থেকে আসে,
তাদের নিয়ে কল্পনা করে
আমারই মন বহুদূর গিয়ে ভাসে।
কত ট্রেন, কত যাত্রী, কত ব্যাবসায়ীর রোজনামচা,
হকাররা বিক্রি করে খেলনা, মুড়ি, সঙ্গে গরম চা।

হামেশাই মনে হয়, আমিও যদি মানুষ হ'তাম
এরকম করেই ট্রেনে চড়তাম,

কত অচেনা যাত্রী দেখতাম, স্বভাব বুঝতাম,
অভিজ্ঞতা কুড়োতাম।
অবলীলায় চলে যেতাম যেখানে মন চাইতো,
নানা জায়গার নানা কাহিনী
অবসরে আমায় ভাবাতো।

একদিনের কথা, দিনে নয়, বরং গভীর রাতে,
একজন প্ল্যাটফর্মের শেষ প্রান্তে
এসে বসল লোকচক্ষু এড়াতে।
আমি তখনও তন্দ্রাগ্রস্ত, রাত সাড়ে এগারোটার ট্রেন
পেরিয়েছে মাত্র দু'ঘণ্টা আগেই।
ভেবেছিলাম ভোর চারটের ট্রেন আসা অবধি
বেশ জিরিয়ে নেওয়াই যাবে।

ঘুম ভেঙেই প্রশ্ন জাগলো,
ভোরের ট্রেনের জন্য এত রাতে প্যাসেঞ্জার?
চোখ মেলে দেখলাম শুধু এক ছিমছাম যুবক,
হাতে বা কাঁধে ব্যাগ নেই তার।
বসে বসে নিজের সঙ্গেই কথা বলছে সে,
ভাবলাম পাগল-টাগল নাকি?
কিছুক্ষণ পর ঠিক করে নিলাম,
দেখি একবার 'ও ভাই' বলেই ডাকি।

আমার ডাকে ভিরমি খেয়ে
সে বলে উঠল, 'কে? কে?'
আমি বললাম, 'এই যে নিচে,
আমি ছাড়া এখানে আর কেউ আছে হে?'
যুবক বলল, 'ঠাট্টা কোরো না। তুমি কথা বল নাকি?'
আমি বললাম, 'কী ভাবো?
শুধু তুমিই একা বকতে পারো, আমি পারি না বুঝি?'

. . .

কথা শুরু হল আমাদের,
বিষয়- আমার ও তার জীবনকাহিনী।
আমি একের পর এক জানতে চাইলাম,
এটা কী, সেটা কী।
মানুষ হওয়া কেমন মজার?
কেমন জীবন কাটায় সে?
এক লহমায় ভুলে গেলাম, রেললাইন?
সে আবার কে?

স্কুল, কলেজ, চাকরি- সব কথা বলল,
কোথায় যাবে জিজ্ঞেস করতেই থমকে গেল সে।
তার 'আমি বড়ই একা' বলতেই চমকে গেলাম আমি,
মানুষ হয়েও জগতে একা হওয়া সম্ভব নাকি?

সে বলল, 'পরিবারে সবাই আছে,
শুধু আমার কাছে, আমার মতো করে নেই কেউ।'
আমি বললাম, 'শোনো তাহলে,
আমার উপর দিয়ে বয়ে যায় মানুষের ঢেউ,
বেড়াতে যেতে ইচ্ছে করলেও
কোথাও যেতে পারি না আমি,
তোমরা যাতে যেতে পারো,
তাই এখানে আমার থাকাটা খুব দামি।'

-'তুমি এত একা হয়েও আমাদের জন্য ভাবো?',
যেন শিউরে উঠল সে,
উত্তর দিলাম, -'তোমাদের সুবিধা, আনন্দে আমি পরিপূর্ণ হয়েছি যে!'
চোখে জল নিয়ে বলল সে,
-'ভেবেছিলাম মুক্তির একমাত্র পথ আত্মহত্যা।'
হেসে বললাম, 'বাড়ি যাও,
নিজের জীবন কেড়ে জয়ী হয়নি কোনও বীর যোদ্ধা।'

নষ্ট ছবি

পূর্বা দাস

একটাই ছবি আঁকছি বহুদিন ধরে
   ইচ্ছেমত রং বুলিয়েছি ক্যানভাসে
   তারুণ্যের সবুজ, ভালোবাসার টকটকে লাল
   অভিসারের ময়ূরপেখম নীলও দিয়েছি
   বহ্নিশিখার লালাভ গেরুয়া দিতে
   আনন্দে নেচে উঠল মন
   ঠিক যেন ক্রুদ্ধ বাঘের গর্জন।

গোলাপের স্নিগ্ধ মায়ায় ভরিয়ে দিয়েছি
   যেটুকু ফাঁকফোকর বাকী ছিল

নিজের সৃষ্টির মোহে মগ্ন ছিলাম
   আত্মজার করুণ আর্তি ঘুম ভাঙিয়ে বলল,
   'মা গো, একটু পুতুল খেলবে আমার সাথে?'
   ওর চোখে সংকট,
   ওর চোখে বিচ্ছিন্নতার শোক
   -'আসছি' বলে শেষবার ছবিটার দিকে তাকাতেই
   আমার রংছবিতে মিশলো

নষ্ট ছবি

আমারই একফোঁটা চোখের জল
মুহূর্তে সব রঙ মিলেমিশে কেমন ধূসর কালচে বর্ণ
যন্ত্রণার রং তবে এমনই
ভাবতে ভাবতে বিকেল গড়িয়ে সন্ধে

ছবিটা পড়ে আছে আজও
   অসমাপ্ত কবিতার মত।

রেড লাইটে

বহ্নিশিখা ঘটক

বাস থেমে গেছে রেডলাইটে
হলুদ সবুজ আলো বিলীন
সারসার গাড়ি ট্যাক্সি বাইক মিনি ও বাস
গুড়গুড় শব্দে দম নেয় গাড়ির ইঞ্জিন
যেন গজরায় ফোঁসফাঁস

ফুটপাথে অবৈধ বসত অবাধ জীবনযাপন
ছেঁড়া ফ্লেক্স প্লাস্টিক ছাউনি ছেঁড়া ত্রিপল
কাঠের জ্বালের উনোন গঙ্গার মাটি মাখা
কালি মাখা হাঁড়ি-কড়াই বাসন-কোসন
বিসলেরির পরিত্যক্ত ড্রামে কর্পোরেশনের দামি জল
কাপড়ের হ্যামকে দোল খাচ্ছে
কয়েক মাসের শিশু সেয়ানা ভীষণ। কাঁদে না একদম
এই বিশ্বে যেন সে রাজা

হাইড্রেন্টের জলে বৈকালিক স্নান সেরে কাপড় ছাড়ছে তার মা
রাস্তার দিকে তার পিঠ,
কোমরের ভাঁজ, সুডৌল যুবতী শরীর, ভারি নিতম্ব

সিক্ত বসনে আঁটোসাঁটো
যেন শিল্পীর তুলিতে আঁকা বেইদিং বিউটি
কিংবা পাথর কুঁদে তৈরি করেছে কোন ভাস্কর

বাস থেমে আছে রেড লাইটে থমকে গেছে সময়
সবার সমস্ত মনোযোগ সেই দিকে কী হয় কী হয়
বাসের ভেতরের সব চোখগুলি
কোটর থেকে বেরিয়ে পড়েছে দল বেঁধে
চেখে নিচ্ছে বেইদিং বিউটি

শ্যামলী বাহু প্রথমে খোলা চুলের গোছা
পেঁচিয়ে পেঁচিয়ে বাধল খোঁপা
তারপর তুলে নিল লাল সায়া
এভাবেই বদলে ফেলা ভেজা পোশাক
নিত্যদিনের ম্যাজিক মুক্ত জীবনের রীতি
লাল সায়ায় ঢাকা পড়েছে যুবতী

রেড লাইট নিভে গেছে জ্বলছে সবুজ আলো
ঘ্যাচাং শব্দে চলে উঠেছে বাস
কেউ উচ্চারণ করেনি কিন্তু সবাই শুনতে পেল
ধুস্ শালা বরবাদ!

আমরা সবাই গান্ধারী

বিতস্তা ঘোষাল

আমরা সবাই গান্ধারী
   কেউ চোখ স্বেচ্ছায় বাঁধি
   কেউ খুলে রেখেও দেখতে পাই না

জীবন এক যুদ্ধক্ষেত্র;
   যুদ্ধে ধর্ম নেই, অধর্মও নেই
   প্রেম নেই, ভালোবাসা নেই।
   আছে রক্তক্ষরণ
   লোভ, মোহ, কাম
   আছে হাহাকার, নিঃসঙ্গতা

অহরহ ঘটে যাওয়া যুদ্ধে একা কৃষ্ণকে নয়
   অভিশাপ দিই দুর্যোধন সহ পরিবারকে
   অমঙ্গল চাই পান্ডবপুত্রদেরও
   এমনকী সত্যবতী, কুন্তী সহ লক্ষ লক্ষ নারীকেও
   মনে মনে প্রার্থনা করি ধ্বংস হোক সব -

          . . .

আমরা সবাই গান্ধারী

গান্ধারী কেবল এক নারী নয়
   নয় রাজবধূ, কুরু মাতা-
   নয় সে গান্ধার কন্যা
   গান্ধারী নীরব এক প্রতিবাদ

প্রতিবাদের হাত ধরেই অজস্র বন্ধ চোখ
   খুলে যাক,
   আলো আসুক, জ্ঞান আসুক
   আসুক শান্তি...

গন্ধ

বুবুন চট্টোপাধ্যায়

রোজ একটি করে নতুন গন্ধে বিভোর হয়ে যাচ্ছি।
  করোনার গন্ধ। টকটক, ছুঁচালো।
  কলোরাডো অবধি বিস্তৃত।
  ওয়েবিনার। নতুন বইয়ের মতো।
  লালনীল বড়লোকি।
  তোমাদের আলিপুরের ফাঁকা ফ্ল্যাটে প্রায়ই পেতাম।
  ফেসবুক লাইভ।
  আমাদের উঠোনের মাধবীলতা যেন।
  হালকা এবং নুয়ে পড়া।
  অনলাইন ক্লাস। ছাদে গিয়ে আচার চুরি।
  আদতে কাজ নেই। নির্দোষ ধোয়া পাজামা।
  এই জাল ফেললাম পুকুরে।
  চুনোপুঁটি, গলদা, বাগদার যেন গুগুল মিট।
  পাখিদের অফলাইন ঝগড়া থেকে
  আমি দূরে রোজ একটা করে
  নিত্যনতুন নেশার মধ্যে ডুবে যাচ্ছি।
  সেই নেশায় সমস্ত ঘাতকের পাশে
  একটি করে রক্ত ধোয়া পুকুর।
  মাছ কেটেকুটে কানকো ফেলে

গন্ধ

আমার ঠাকুমা ফিরে আসছে।
বাবার দশটায় আপিস।
৮.৫৫র প্রাগৈতিহাসিক লোকাল।
স্টেশন মাস্টার লিঙ্ক ফেল করেছেন।

অপরাধবোধের গল্প

যশোধরা রায়চৌধুরী

এই হল আদিগন্ত শরৎ সকালের যাদু
এই হল অবিরাম বৃষ্টির পরের উল্লাস
অথচ মানুষের কেন এত দুঃখ কষ্ট
কে যেন ফোনে টাকা চাইছিল, না?
বাবার অসুখ, বাজারে অনেক দেনা
কে যেন আমার ভেতরে দেখেছিল আশ্বাসদায়িনীকে
কে যেন খুব ভোরে উঠে কেঁদে উঠেছিল মা মা বলে
পৃথিবীতে অনেক মানুষ আজ ভাল নেই।

বলেছিলাম, দেখছি।
কারুকে সাহায্য করব ভেবে বুক ফুলে উঠেছে গর্বে
ঠিক যেন নীলাকাশে সাদা মেঘের মতন

পাশের জনকে জানাতেই
সে নিয়ে এসেছে সন্দেহের পুঁটলি
ছেলেটার বদ মতলব নেই ত?
মিথ্যে কথা বলে
তোমার থেকে টাকা হড়পে নিতে চাইছে না তো?

এরপরই যাকে বলে সুবুদ্ধির উদয়
এরপরই যাকে বলে চেতনা এসেছে
পৃথিবী শুদ্ধু মানুষের তো দুঃখ, কষ্ট
আমি ক'জনের কষ্ট ঘোচাব
আমার নিজেরই বলে ঠিক নেই খাওয়াপরাথাকার..
উপকার না করার হাজার অজুহাত পেয়ে নিশ্চিন্ত এবার।
শুদ্ধু ছোট্ট একটা অপরাধবোধের মেঘ, সামান্য হলেও
এই তুমুল রোদ্দুর ওঠা শারদপ্রাতের এক কোণে
বৃষ্টি দিয়েই চলেছে।

যে কবিতা কেউ চায় না

যাজ্ঞসেনী গুপ্ত কৃষ্ণা

যখন ভুবন এই অর্ধেক মিথ্যা দিয়ে গাঁথা,
   আর রক্তের ধারার পাশে ভাতের থালা,
তখনও কি কবিতায়,
   'শোন, তোর স্তনের তিলে রাখি চুমু',
আর চিৎকার উঠবে পৃথিবীকে সপাটে চমকে
   'মারহাব্বা'?

কখনও বা কবি শব্দ সাজিয়ে
   গেঁথে তুলবেন মালা,
লকেটের মতো ঝোলাবেন
ফোঁপানো সংসারকলি
তারপর ঘনিয়ে তোলা ঘোর জামার হাতায় মুছে
কাজে মন দেবেন,
চারদিক থেকে সে কবিতার ভিজে ভিজে আবহ-বার্তা

শব্দের অপার ভুবন,
   কিংবা রুক্ষমাটির মোড়কের পরত খুলে
   ঘুমন্ত রাজকন্যাকে জাগানোর শ্রম কে চায়?

কে চায় গর্জনতেল মুখর প্রতিমার প্রলেপ ভেঙে
সত্যের খড়মাটি? খোসপাঁচড়ার সত্য?
আসনপিঁড়ি দেবে তাকে?
মায়াহীন শব্দের পাথরপ্রতিমা
অনাদরে পাঠক ফেলে রাখে দোরগোড়ায়–
বিক্ষত স্তনের কবিতাশরীর রক্তে ভেসে যায়

সেই মেয়েটি, এই মেয়েটি

রাণা পাল

দীর্ঘশ্বাস ফেলে বলেছিলাম,
   আশায় মরে চাষা,
   আমার ঠোঁটে হাত চাপা দিয়ে সেই মেয়েটি বলেছিল,
   উঁহু... আশায় বাঁচে চাষা।
   বাঁচা শব্দটার উচ্চারণে একটা অন্যরকম বাঁচা ছিল,
   সেই থেকে আশায় বাঁচা শিখেছি।

সেই মেয়েটিই একদিন গুনগুন করে গেয়ে ওঠে,
   '... সাগরের ঢেউয়ে চেপে নীল জল দিগন্ত
   ছুঁয়ে এসেছ ...'
   অচেনা মায়াবী সেই কথা বোনা গান
   আচ্ছন্ন করে ফেলে বোধ,
   মুগ্ধ আমি বলি, কার গান?
   পরদিন সেই মেয়েটি
   তার কোঁচড় ভরে আমার জন্যে
   এক গুচ্ছ মৌসুমী হাওয়া এনে দেয়,
   আবার শেখাল সে নতুনভাবে বাঁচার বিশ্বাস।
   তার কি জানা ছিল নোনাবালি তীর
   বহুদূর বহুদূর হেঁটে যাবে সে

ফিরে তাকাবে না একবারও

তার কি জানা ছিল
গাংচিলের স্বপ্নমাখা সমুদ্র স্নানে গেলে
আমাকে সে কোনোদিনই সাথে নেবে না

দীর্ঘশ্বাস আমায় ছেড়ে যায়নি।
মনে আছে সেই মেয়েটি শিখিয়েছিল,
আশায় আশায় বাঁচা।
আশায় আশায় বাঁচতে বাঁচতে,
দীর্ঘতম দুপুর গড়িয়ে বিকেল,
হাঁটা চলা, কথা বলায়,
কোথাও কোথাও শ্যাওলা ধরছে যেন।

সেই বিকেলে হঠাৎ হাজির এই মেয়েটি,
এসেই বলে, আমার বাড়ি যাবে?
খেতে দেব, শুতে দেব,
স্বপ্নমাখা ঘুম পাড়িয়েও দেব।

আমার তখন অন্য চলা,
স্বকৌশলে রপ্ত করা আপন পদক্ষেপ,
তোমাকে চাইনা আর শরীরের জ্বর উষ্ণতায়,
আমার কাঙালপনা ঘিরে ধরে ভালোবাসার ঘাস।

এই মেয়েটা জানত বুঝি তা,
তারও আছে কাঙালপনা সারা শরীর জুড়ে,
সমস্ত রাত বৃষ্টি হয়ে, বৃষ্টি হয়ে,
এমন ভালো কেউ বাসেনি যে,
আকুল ভালো বাসতে বাসতে, ডুবতে ডুবতে, ভাসতে ভাসতে,

রাণা পাল

নতুন বাঁচা, নতুন আশায় ভিজতে ভিজতে আমি
আঁকড়ে ধরি এই মেয়েটির মন।
কিন্তু সে মন কোথায় ছিল,
কার কাছে সে রেখেছে সেই জানে,
আমার ভালোবাসার ঘ্রাণ উরুসন্ধিতে মেখে,
চলন্ত আলোকিত কাচের জানালার ওপারে
হারিয়ে গেলো সে,
পড়ন্ত বিকেলে হঠাৎ যেমন এসেছিলো,
হঠাৎ এলো না আর।

তার কি জানা ছিল নোনাবালি তীর
   বহুদূর বহুদূর হেঁটে যাবে সে
   ফিরে তাকাবে না একবারও
   তার কি জানা ছিল
   গাংচিলের স্বপ্নমাখা সমুদ্র স্নানে গেলে,
   আমাকে সে কোনোদিনই সাথে নেবে না

দীর্ঘশ্বাস ছাড়েনি আমায়।
   (কৃতজ্ঞতা: মৌসুমী ভৌমিকের একটি গান)

সংশপ্তক

রুখসানা কাজল

বিচ্ছিন্নতার শক্তি
ভয়, লজ্জা, সংশয় কমে গেছে আজকাল
তোমাকে ছেড়ে যাচ্ছি,
যতখানি কষ্ট পাবো বলে ভেবেছিলাম,
পাচ্ছি না...
তাই ভাল আছি!

বিচ্ছিন্নতা কোন জুজুবুড়োর হালুমফালুম কিছু নয়,
একলা চলোর অহংকারে লেখা ইশতেহার বা
মুক্তির পরোয়ানা এখন

তিনটে তিরিশের গাড়ীতে চলে যাচ্ছি, ইচ্ছে ছিল
ফাটিয়ে দেব তোমার মুখোশ মুখ,
হাঁটুভাঙা দ'য়ের মত
কোমর ভেঙ্গে ধসিয়ে দেব তোমার ঋজুতা

তার বদলে রবি ঠাকুর এসে গেলেন,

'যেতে নাহি দেব তোমায়'
কী জ্বালা! সহে না, সহে নাকো আর!

আজকাল যত্রতত্র হট্ট মত্তে
রবীন্দ্রনাথ এসে পড়ছেন, সেদিন দেখি
লাল্লু কসাই খাসির কল্লা কাটছে
রবীন্দ্র সঙ্গীত গেয়ে গেয়ে

তুমি বলেছিলে, একদম ঠিকঠাক।
রবীন্দ্রনাথ কি কারও বাপের সম্পত্তি
নাকি ড্রয়িংরুমে ছাঁটা মানিপ্ল্যান্ট
যে জলপানি দিলেই বাঁচবে
ইচ্ছে হলে দিও না, মরবে নিশ্চিত...
তোমার এই গমকটা সুপার ওয়াও!

আমি সংশপ্তক, অনাদ্যন্ত নিঃশেষিত তো নই
'মাথা খাও', 'ভুলিও না', 'মনে রেখো'-তে
আমার বড্ড এলার্জি

ধুত্তোর! নিকুচি করি
অই 'তবু যেতে দিতে হয়'-এর আদিখ্যেতায়
সরাসরিই বলছি,
ইলেক্ট্রিক বিল জমা দিয়ে গেলাম, গ্যাস বিল সাথে
সার্ভিস চার্জ দিয়ে দিও...
আমাদের সবকিছুই তো ছিল ফিফটি ফিফটি,
কার্ল মার্কস থেকে রবীন্দ্রনাথ!

এত এত বিদ্রোহে যৌবন থেকে গেল অসফল
সেই তো টিকি বাঁধা টাঁকশালে,

চাল কেনো তেল কেনো, শরীর শরীর?
সেও কেনা যায়
বুক পেটি জঙ্ঘার অন্ধকার ভাগা ভাগা দামে।

কিন্তু এ মন! বীণাপাণি মন আমার
তোমার ঊর্ণনাভ কবোষ্ণতায় হাঁপিয়ে গেছি
তুমি নামে যুধিষ্ঠির কামে গ্যাম্বলার।
সাদা পতাকায়
ভগবান তথাগত সেজে যতখানি মৌন আছ
সুযোগ এলেই ঢ্যানঢনা ঢন...

অকম্মা ঈশ্বর
আমি বিবি হাওয়াজাতিকা,
স্বাধীনতাপ্রিয় বলে জন্নাতচ্যুত
মৃত্তিকালগ্নাতেই আমার সুখ দুঃখ,
যাপন মরণ প্রেম অপ্রেম
আমার পথে পথে পরমেশ্বর, পরমান্ন ও প্রসাদ পুষ্প,
যতসব জন্নাত আর স্বর্গের টোপ দিও না আমায়,
যদি চাও... সাথে এসো।

ডুবে যাচ্ছে প্রতিমা,
রঙ ভাসছে জলে
রঙ ছড়াচ্ছে বিষণ্নতার জল,
পার, তল বিচ্ছেদে করুণ।
তবু দশ হাতে বরাভয় রেখে যাচ্ছে পরমেশ্বরী
ভাল থাকিস মানুষ
ভালো রাখিস যতখানি পারিস।

ঠোঁট কামড়ে কান্না থামায় জননী, আবার আসিস মা।
মোটা চালের খিচুরিতে

সামর্থ্যের বেশি তেলে বেগুন ভেজে
তুলে দেবো তোর পাতে।
এক চিমটি কালোজিরা, এক টুকরো লেবু
কলিজার টুকরো, নন্দিনী আমার যদি মন কাঁদে আসছে বছর আবার আসিস...

এমন দিনে তারে বলা যায়

সমর্পিতা ঘটক

একলা বিড়ালটা চেটে গেল চুকচুক করে, ম্যানহোলের ঢাকনায় জমে আছে বৃষ্টির জল। বৃষ্টির পর শহরটা শার্লক হোমসের গল্পের মতো রহস্যময়, যা কিছুই ঘটে যেতে পারে যখন তখন। থামছে আবার খানিক পরেই ঘুরে ফিরে বৃষ্টিটা... নাছোড়বান্দা ফ্যা ফ্যা প্রেমিকের মতো। ছাতা মাথায় ভিতু বাবা কেক, বিস্কুট, আটা, নুন কিনে বাড়ির পথে, মাথা নিচু। বাইকের নীল আলো তাকে চমকে দিয়ে চলে যায়। বিড়ালটাও চমকে ওঠে! পালায় তড়িৎ গতিতে... তাড়া খাওয়া ভবঘুরে যেন!

ল্যাম্পপোস্টের আলোগুলো বর্ষাকালে কেমন নিভু নিভু, বৃষ্টিতে বাইরে খেলতে না পারা ছোটো বাচ্চার মতো মুখ গোঁজ করে থাকে। বারান্দায় দাঁড়িয়ে বৃষ্টি-দেখা মেয়েটা কেঁপে ওঠে... কাদের এত শাসন করে বজ্রদেব! জেঠামশাইয়ের মতো! কে জানে! তারান্তিনোর ছবিতে দেখলাম ওরকম ফুটপাথ আর নিভু নিভু সন্ধে। আকাশের মতোই রাস্তার রঙও কালো হয়ে যায়, ঘটবে কি কিছু! ভয় করে। নাৎসি আর ইহুদি, কালো পোশাক আর অগুনতি লাশ! এসব ধকল নিতে পারি না কোনোকালেই। তার চেয়ে বৃষ্টিই ভালো, মুষলধারে! ভেজা হাওয়ায় দ্রবীভূত হয় রাগ, কান্না, অতৃপ্তি, ক্ষোভ।

পিঠে দুটো শীতল পাখা গজায়... একা ভালো লাগে বেশ এখন। বৃষ্টি অবান্তর ভিড় সরায়। খাঁ খাঁ অবেলাগুলো বৃষ্টি এলেই ভরন্ত। অবহেলা, অপমানগুলো ছুঁড়ে ফেলে সে বজ্রপাতের মুখে। দুপুরটা

সন্ধের মতো হয়ে যায়... খুব জোরে বাজ পড়ল কাছেই কোথাও... পরপর অনেক! পূর্বাভাসে কমলা সতর্কতা... পুড়ে ছাই হল সাম্প্রতিক কিছু সন্ত্রাস... ভেজা জুঁই মাথা নেড়ে সম্মতি দেয়। বিরাট ডানার চিলটা বসেছিল কার্ণিশে, জবুথবু। চোখটাও আজ অন্যরকম। সন্ধের মুখে ফিরে গেল... শহর, গাঁ, গঞ্জ ছেড়ে কোন আদিম গুহায়... বিরাট ডানা থেকে ঝরে পড়ল জল। হিচকক উঁকি মারেন দক্ষিণের বারান্দায়। এমন ভূতুড়ে দিন শহরটাকে প্রাচীন করে দেয়। ছেলের দল কাদা মেখে ফেরে ফুটবল খেলে। বাকি সব চলাচলহীন।

মাঝবয়সিদের খোঁটা, অভিজ্ঞদের টিপ্পনী ভুলে ভেজা দুপুরে মেয়েটা কবিতা লেখে... তার খোলা চুলে তখন বিপত্তারিণী ঢেউ... অজয়, আত্রেয়ী, মেঘনা, হাতানিয়া ভেসে যায়... মাঝি বলে ওঠে, সামাল, সামাল! হিচকক, তারান্তিনো বলে ওঠেন... 'চিত্রনাট্য মেনে চলতে হবে না মেয়ে'... সে সাহস করে লিখে ফেলে... এমন দিনেই তো তারে বলা যায়! যা বলা হয়নি কখনো সেসব কথা লিখে ফেলে জাকির হুসেনকে, সঙ্গে হাজারো আবোল তাবোল... ঝাঁকড়া চুলের ওই নাম না জানা গাছটাকে দেখলেই তার মনে পড়ে যায় ওই ছেলের কথা... সব দ্বিধা, দ্বন্দ্ব কাটিয়ে গাছের ডালে বেঁধে দেয় শব্দঋণ... দাদরা বেজে ওঠে আবারও... আর প্রেমের পদ্যটি মাতৃভাষায় লিখে পাঠিয়ে দেয় গাজিয়াবাদের ঠিকানায়।

হোসেনির বই থেকে

সর্বাণী বন্দ্যোপাধ্যায়

শুকনো বইয়ের পাতায়
হোসেনির কলম থেকে
বারুদের ঘ্রাণ আসে।
অনিসার মত কেউ কেউ
সেই আগুন ছুঁয়ে,
আকাশে মুঠো খুলে দেয়।
স্বাধীনতার মহিলা প্যারেড
স্বপ্ন হয়ে যাবে। আর
দু'একদিন বাদেই,
বোরখা ঢাকা অন্ধকারে
ফিরে আসবে, ধূসর জীবন।
বেয়নেটের বাইরে বেরিয়ে আসা
সেইসব মুক্ত মানুষীর দল
নতজানু ফিরে যায়
কবরের কাছে
নতুন প্যারেডে
প্রিয়জনের মাটি খুঁড়বে বলে।

. . .

সর্বাণী বন্দ্যোপাধ্যায়

আমরা কি সবাই ধৃতরাষ্ট্র?
    দ্রৌপদীর লাঞ্ছনা দেখেও দেখিনা।

অবসরে প্রেমপত্র

সোনালি

১.

শীতের সকাল
ভোর ভোর আধো আলো
কনকনে ঠাণ্ডা বাতাস
শিশির সবুজ মাখা স্বস্তির শ্বাসে
কেন মিছে ডাকাডাকি,
আজ ও!
লাল লেপ গাঢ় ওমে
শুয়ে থাকি আরো কিছুক্ষণ।

ফাটা বাসি গোলাপি ঠোঁটের
পাটালির গুড় আর মোয়া মিষ্টিমুখ
এটা ওটা খুচরো উষ্ণতা।
মহামারী বন্যায় ওলটপালট সব।
কাকে ছোঁয়া যাবে আজ অথবা কতটা
কারো আর জানা নেই।
নিরাপদ উষ্ণতা কোণেতে কোণেতে
তবে কেন মিছে ডাকাডাকি,

আজ ও!
লাল লেপ ঘন ওমে
থাকি কিছুক্ষণ।

আড়মোড়া ভেঙে
ফুটুক আবারো আলো
প্রাতঃরাশে তুমি, না হয় শুঁটির পুর
পেটুক মনের সব আদরের লোভ
থাকুক আনন্দে প্রাণ, থাক গান ঘিরে
জেগে থাক ভালোবাসা।
ঘুম মাখা চোখে
উত্তাপ বাহুর ডোরে
এপাশ ওপাশ ফিরে
মাথা রাখি পিঠের গরমে
বেঁচে থাক ভালোবাসা
বেঁচে থাক শীতের সকাল।

২.

শিরশিরে শীতের রেশ
আজও?
সে কি! পৃথিবী পুরোনো কত
বলো?
রূপোলি হয়নি তার চুল?
বলিরেখা ভাঁজ আর
গাছেদের ঝরে যাওয়া পাতা,
হেমন্তের ম্যাপলে বাদামে।

তা বলে কি কম হয়
পলাশে শিমূলে লালে
ফাগের আদর?

এলোমেলো উত্তাপের ডাক নেই তার?
বর্ষার নিবিড় মেঘে বুকের গভীরে
কাকে টেনে রাখে আজও
সবুজ পাতারা?
আজও।

খেলনাবাটি

সুজাতা রায়

তখন টানের দিন
ঠোঁটে পুরু ভেসলিন
আমাদের ঘরতোলা
ঘরফেলা খেলা,
রঙীন উলের বল
দুটি কাঁটা সম্বল
ছাদ জুড়ে সেইসব
রোদার্ত দুক্কুর বেলা।

হাহাহিহি ফিসফিস
কার রাত নিরামিষ
কার হাল্কা কালোজিরে
কাঁচালঙ্কা চারাপোনা ঝোল
কাঁটা চলে নির্ভুল
আঙ্গুলে প্যাঁচানো উল
বোকাবোকা মেয়েলি শোরগোল।

আসলে উলের ছলে

খেলনাবাটি

ছলে বলে কৌশলে
উল্টো সোজার প্যাঁচে
আটকানো পুতুলেরা নাচে
কাঁটা দিয়ে ঘর তোলে
কাঁটায় সাজিয়ে ফেলে
সপাটে মরার মতো বাঁচে।

ছায়া দীর্ঘতর

সুস্মিতা সাহা

ভোরের পবিত্র ওম
   লেগে থাকে শরীরে সুতোর মতন।
   ভাদ্রের চড়া টানে সেই ওম কোথায়!
   তখন মাটি ফাটছে
   আবার বুজে যাচ্ছে...
   বুজে যাবে বৃষ্টির ধারাজলে।
   এমন তাপিত তৃষায় আসেন
   তিনি... যাদুমণি গোপাল।
   ক্ষীরননীসরে সাত্ত্বিক উপাচারে
   সেজে ওঠে কাঁসার পাত্রগুলি
   তুলসি ও চন্দনে।

প্রভাতী ধরতে তুমি
   গলায় তালিম ছিল না তেমন
   ছিল শুধু ভক্তিরসামৃত।
   ছোট ছোট পায়ে পায়ে তোমার হাতের কাছে ঘন্টা
   কাঁসর আর কিছু সুগন্ধি পুষ্পরাজি।
   বেলা হয়ে গেল কখন!
   অবেলায় অসময়ে আজো ধূপ জ্বলেছে ঠাকুরঘরে।

সাদা উড়নির স্মৃতিটুকু হাতে
পিপাসায় গলা ফাটে ব্রতীর।

মালপোর সুবাসে লালা আজ ভারি খুশি
তালের ছিবড়ে ঘেঁষে রসের মাধুরী বড়ো মধুর।
বাবার মুখের সবক'টি বলিরেখা বড়ো শান্ত–
বড়ো স্নেহময়।
তোমার চলা তো শেষ
তবু শেষ বলে কিছু হয় নাকি!
ছায়াঘেরা মনের মন্দিরে
শান্তির বাতাসে
আজো তোমার নিশ্চিন্ত অভয়ের আশিস
এইটুকু থাকুক না প্রভু।
ছায়া নেমে
ভরে দিক সূর্যাস্তের বেলা।

আমার নাইবা হলো পারে যাওয়া

সুপ্তশ্রী সোম

রবি ঠাকুরের সাথে কবে পরিচয় সে মনে নেই
শুধু মনে আছে মা হ্যারিকেনের আলোয় সঞ্চয়িতা খুলে
কবিতা পড়ছেন,
আমরা ভাই বোনেরা গোল হয়ে ঘিরে বসেছি
দেবতার গ্রাস
মায়ের গলা ভেঙে যাচ্ছে পড়তে পড়তে-
"'মাসি' বলি ফুকারিয়া মিলালো বালক…"
কান্না এসে যেত…
কেন ওরা ছুঁড়ে দিলো রাখালকে
ওই উত্তাল ঢেউয়ের মধ্যে?
সে প্রশ্নের উত্তর পাওয়ার আগেই
মা উঠে যেত কাজে
চোখের জল মুছে ভাবতাম
যদি রবি ঠাকুরকে পেতাম,
তাহলে জিজ্ঞেস করতাম
কেন এরকম লিখলেন তিনি?
পঁচিশে বৈশাখের বিকেলে কাছারি মাঠে মস্ত স্টেজ
আমি বধূ অমিতা; 'পূজারিণী' অভিনয় হবে,
'সমুখে রাখিয়া স্বর্ণমুকুর'
সকাল থেকে দাদা ভেঙিয়ে দেখাচ্ছে

বিকেলে খর বায়ু নাচতে গিয়ে
আকাশে মেঘের ভ্রুকুটি
দেখতে দেখতে আকাশ কালো মেঘে ঢেকে গেল
ঝড়ের মধ্যেই চলছে যদি মাতে মহাকাল,
শিখলাম মহাকাল এমন করেই মাতে বুঝি
তারপর অনুষ্ঠান বন্ধ হয়ে গেল,
পরে কোনো রবীন্দ্রজয়ন্তীতেই তো মুকুট নাটক করতে গিয়ে
অমরদার সাথে প্রেম হয়ে গেল মঞ্জুর
বিয়ে হয়েছে বড়লোক শ্বশুরের অমতে।
বাড়ি ছাড়তে হলো ওদের
সেবার যখন পাড়ায় এলো মঞ্জু
বিয়ের পর ডগমগ হয়ে আমাকে বললো,
'দ্যাখ আমি ঠিক এখন বধূ অমিতা… তাই না!'
দু'চোখে বিস্ময় নিয়ে হাঁ করে
তাকিয়ে দেখলাম রবি ঠাকুর।
বধূ অমিতারা কি এতো সুন্দর হয়?
দিন গেল বছর গেল জীবনের পথে
কত ঝড় ঝাপটায়,
এগোলাম পিছোলাম।
কত অনুষ্ঠান, কত পঁচিশে বৈশাখ চলে গেল
এখন আর কত গঙ্গাজলে গঙ্গাপুজো করবো
রবি ঠাকুর,
এখনো তো তোমায় বোঝা হলোনা
শুধু এটুকুই জানি, তুমি সেই নীরব বটবৃক্ষের মতো
শাখা প্রশাখা ছড়িয়ে মস্ত এক আশ্রয়
যেখানে এসে বলতে পারি-
'ঘরেও নহে, পারেও নহে, যে জন আছে মাঝখানে
সন্ধ্যাবেলা কে ডেকে নেয় তারে।'

আমার এখনও পারে যাওয়া হলোনা রবি ঠাকুর।

সীমান্ত

শুভশ্রী সাহা

খানিকটা কারুকাজ, ক্যামেরা আর আলো
কিছুটা ভজঘট গল্প নিয়ে বৈঠকে আড্ডা
মাঝে সাঝে নাকটানা সর্দি কখনো
বা সর্দি বুকে বসে গেলে যেমন স্বর
ডান আর বাম, এ অলিন্দ ও অলিন্দে
ঘুরে ঘুরে শ্বাসবায়ুর তুমুল ঝড়।
ক্যামোফ্লেজে বেশ কয়েকদিন নিশ্চিন্ত
ফাঁসা কেস ধামাচাপা দেবার জন্য যথেষ্ট।

হয়ে গেলে সব স্বরের কেরামতি
বাকিটুকু থাক, জুড়বে বাস ট্রামে তর্ক
বিতর্কে চেঁচাবে উজবুক মধ্যবিত্তের দল
কেন্দ্রবিন্দুর লোকটা ডানা ধরে
ঝুলে পড়েছিল এরোপ্লেনের

সীমান্ত পেরিয়ে
কোথায় যেতে চেয়েছিল
এখন কোথায়

সীমান্ত

আদৌ বেঁচে নাকি
জানতে পারেনি কেউ
মিলিয়ে গেছে

কে বা আর খোঁজ রাখে
সবাই ব্যস্ত
শুধু নিজের জীবনে
মাঝেমধ্যে পুরোনো ব্যথার মতো
বিবেক চাগিয়ে ওঠে
তবে নেটে গেলে
পেয়ে যেতে পারেন
সেই ছবিটা এখনও।

ক্যাকটাসের কাঁটা

শুভ্রদেব বল

আকাশের নীল চুঁইয়ে নেমে আসে সোনালি রোদ,
খোলা জানালার পর্দা সরিয়ে,
উঁকি দেয় ঘরে।
বিছানার ওপর হাঁটু মুড়ে বসে আছে স্নিগ্ধা।
মাথার ওপর ফ্যান ঘুরছে বনবন করে।
যদিও অনেক আগেই ঘুম ভেঙেছে স্নিগ্ধার।
কাকেদের কর্কশ ডাক,
শাশুড়ির ঝাঁট দেওয়ার খসখস আওয়াজ,
তবুও কিছুটা সময়
অলসভাবে শুয়ে থাকতে বেশ লাগে।
অবশ্য ভালো লাগার মত আর কিই বা আছে তার।
নীল তখনও শুয়ে আছে পাশে।
মুখ তুলে তাকাল স্নিগ্ধা।
কপালের লাল সিঁদুর লেপ্টে আছে ডান দিকে।
দু'চোখ ভরে সে তাকিয়ে আছে
সোনালি রোদটুকুর দিকে।
চেনা রোদ কথা বলে না, নতুন করে চিনিয়ে দেয়,
পুরনো চেনা ছবি গুলো।
নিজের বাড়ির কথা মনে পড়ে তার।
পুবের জানালা দিয়ে দিনের প্রথম রোদ

আসে সেখানেও।
ব্যালকনির উপর ছোট্ট বনসাইয়ের
পাতায় পাতায় আলো ছড়ায় সে।
তারপর উঁকি দেয় ঘরের ভিতর।
সোফার উপর জমে আছে যত জামাকাপড়।
জানলার পর্দাগুলো বোধহয়
সময় মত কাচতে দেয় না ভাই।
বাবা ওষুধগুলো সময়মত খাচ্ছে তো?
খুব ভুলো মন বাবার।
সোনালি রোদ প্রশ্ন করে স্নিগ্ধাকে- ভালো আছো?
চোখে জল আসে স্নিগ্ধার।
রোদের ছটায় চোখের জল
হীরের মত উজ্জ্বল হয়ে ওঠে।

ঠিক তখনই পাশ থেকে
স্নিগ্ধার হাত টেনে ধরে নীল।
স্নিগ্ধা শক্ত হয়ে বসে থাকে।
তবুও প্রায় জোর করেই
তাকে কাছে টেনে নেয় নীল।
বাধা দেয় স্নিগ্ধা। বারবার।
শোনে না, নীল। নীলের গায়ের জোর খুব বেশি।
স্নিগ্ধার নরম বুকের উপর মুখ ঘষতে থাকে নীল।
ওর গোঁফ আর খোঁচা খোঁচা দাড়ি
ক্যাকটাসের কাঁটার মত
বিঁধতে থাকে স্নিগ্ধার বুকে।
বনবন করে ফ্যান ঘুরছে। সারা ঘর জুড়ে উষ্ণতা।
তবে আলো নেই। আবছায়া অন্ধকার।
দাঁতে দাঁত চেপে চোখ বন্ধ করে পড়ে থাকে স্নিগ্ধা।
এ ভুল তারই বেছে নেওয়া...

www.ingramcontent.com/pod-product-compliance
Lightning Source LLC
Chambersburg PA
CBHW070309010526
44107CB00056B/2544
9780645463040